Eva Marquez

Heilungscode der Plejader 3

Alien-Fragmente, Reise der Seele
und multidimensionales Leben

Vorwort von Pavlina Klemm

Aus dem Amerikanischen von
Marion Zerbst

AMRA

Besuchen Sie unseren Shop:
www.AmraVerlag.de

Ihre 80-Minuten-Gratis-CD erwartet Sie.
Unser Geschenk an Sie … einfach anfordern!

Titel des amerikanischen Manuskripts:
PLEIADIAN CODE 3. ALIEN FRAGMENT

Eine Welterstausgabe im AMRA Verlag
Auf der Reitbahn 8, D-63452 Hanau
Hotline: + 49 (0) 61 81 – 18 93 92
Service: Info@AmraVerlag.de

Herausgeber & Lektor	Michael Nagula
Einbandgestaltung	Guter Punkt
Layout & Satz	Birgit Letsch
Druck	CPI books GmbH

ISBN 978-3-95447-390-8 (Buch)
ISBN 978-3-95447-391-5 (eBook)
ISBN 978-3-95447-392-2 (Übungs-CD)

Für das Cover danken wir Josephine Wall und Alison Kenney.

Außer der Plejaden-Trilogie liegt von der Autorin vor:
Seelenheilung und energetischer Schutz (Arbeitsbuch)
Seelenheilung und energetischer Schutz (Übungs-CD)
DNA-Aktivierung durch die kosmische Familie (Arbeitsbuch)
DNA-Aktivierung durch die Sprache des Lichts (Lichtcode-CD)
Kontaktaufnahme mit der kosmischen Familie (Übungs-CD)

Für DICH –

in der Zukunft

Inhalt

Geliebte Lichtbotinnen und Lichtboten,

ein Buch wie dieses ist genau das Richtige in der aktuellen Zeit, die so viel Neues für uns bereithält!

Meine Landsmännin Eva hat es gechannelt, die seit vielen Jahren in Amerika lebt und deshalb nicht auf Tschechisch, sondern auf Englisch schreibt. Unser gemeinsamer Verleger lässt Evas frisch geschriebene Texte immer gleich ins Deutsche übersetzen. Ihre Bücher sind dadurch Originalausgaben, es gibt sie gedruckt noch in keiner anderen Sprache. Es sind Welterstausgaben auf Deutsch. Ich finde das faszinierend und freue mich sehr darüber, dass sie ohne Zeitverzug den Weg zu uns finden, denn Evas Texte – ihre Erzählungen und Übungen – sind so überaus wichtig. Sie erinnern uns immer wieder daran, mit welchem Plan wir auf den Planeten Erde gekommen sind. Sie erinnern uns daran, welche Aufgabe wir vor dem Herabkommen auf uns genommen haben.

Wir leben jetzt in eben der Zeit, von der seit alters her die Rede war. Alle eingeweihten und spirituell denkenden Menschen haben sehnlichst auf diese Zeit gewartet. Es ist die Zeit des Erwachens, in der wir unsere wahre Größe erkennen dürfen und endlich danach zu handeln lernen. Wir dürfen gemeinsam erwachen, und auch wenn dieses gemeinsame Erwachen noch Hürden mit sich bringt, bietet es uns doch die einzigartige und lange ersehnte Möglichkeit, uns wieder an das göttliche Licht in unserer Seele zu erinnern.

So ist das spirituelle Erwachen auch das Hauptthema des neuen Buches. Eva beschreibt es anhand von zwei Erdenmenschen, Maggie und Mikael, deren Erfahrungen euch vielleicht an eure eigene Geschichte erinnern. Vielleicht habt auch ihr euch auf eurem Weg oft verloren und einsam gefühlt, unglücklich und ungeliebt und hattet den Eindruck, dass euer Leben absolut gewöhnlich ist und jeglichen Sinns entbehrt.

Die Geschichten dieser beiden Menschen belehren euch eines anderen. Der Weg jedes Menschen ist ganz besonders. Euer irdischer Weg ist einer, der euch nach unzähligen Inkarnationen hier auf der Erde jetzt zu der Erkenntnis führt, wer ihr wirklich seid und warum ihr existiert. Darum lest ihr dieses Buch. Darum ist es euch in die Hände gefallen.

Es lässt die Erinnerung daran in euch aufsteigen, dass Liebe das höchste Gefühl ist, das wir erleben dürfen, dass Liebe uns unablässig führt. Ihr dürft euch erinnern!

Maggie und Mikael haben eine starke Anbindung, von der sie anfangs gar nichts wissen. Dabei werden sie von Lichtwesen vom Sirius begleitet, die Weisheitslehrer sind, von plejadischen Lichtwesen, die Seelenheiler sind, und von vielen anderen Sternengesandten. Während des Schlafs und während der Meditation haben die beiden Begegnungen mit diesen lichtvollen Wesen, treten in ihre Welten ein und erkennen die Wege zu ihrer eigenen Erinnerung. Ihre Erinnerung öffnet ihr Herz wieder für die Liebe.

Eva ist bekannt dafür, dass sie sehr viele Informationen vermittelt, eine unglaubliche Fülle, ohne dass man es so richtig merkt. Ihre Geschichten kommen so leicht daher und sind doch randvoll mit Wissen, das – wie Eva selbst sagt – sehr wichtig ist, wenn man lernen will, die kosmische Energie zu nutzen und sie im menschlichen Körper zu kodieren. Ob es die vielfältigen Eigenschaften von Kristallen und ihre mögliche Nutzung als Gedächtnisspeicher sind, Informationen über die Aktivierung der Lichtsprache mit Hilfe von Symbolen oder – und hier wird es für manche sehr speziell – die Alien-Fragmente in jedem von uns, stets bringt uns dieses Wissen weiter auf dem Weg des Erwachens.

Alien-Fragmente sind für die meisten etwas Neues, und die Vorstellung, dass wir außerirdische Anteile in uns haben, mag manchen etwas befremdlich vorkommen, aber wissen wir nicht schon seit Langem, dass atlantisches und lemurisches Erbe in uns schlummert? Und woher kamen die Atlanter und Lemurer? Woher stammt die 12-Strang-DNA, die der Mensch einst besaß, bevor er auf seine derzeitige 2-Strang-DNA reduziert wurde? Von den Sternen. Viele von uns wissen schon lange, dass die Götter von den Sternen kamen und dass wir Götter sind, weil wir die göttlichen Anteile der Quelle in uns tragen – Anteile der göttlichen Essenz, die jegliches Leben im Universum erfüllt.

Und so haben auch wir außerirdische Anteile in uns, die Eva kurz und knackig als Alien-Fragmente bezeichnet. Sie anzuerkennen fördert unser Erwachen. Sie enthalten einen Kompass zu unserem spirituellen Wachstum. Durch ihre Entdeckung und Aktivierung können wir in uns die Fähigkeit zur Kommunikation mit Wesen aus anderen Dimensionen entwickeln. Und wir können damit unsere DNA positiv beeinflussen.

Eva wäre nicht die großartige Heilerin, die sie ist, wenn sie uns dazu nicht mehr an die Hand geben würde als ein paar wundervolle Geschichten. Wir sollen nicht nur entspannt dieses neue Wissen aufnehmen, sondern auch energetisch damit arbeiten. Entsprechend wertvoll sind die meditativen Übungen, die sie uns mitteilt, damit wir uns an Heilfrequenzen anbinden können, um wieder voll in unsere frühere Kraft zu kommen. Sie helfen uns dabei, uns aus der dritten Bewusstseinsdimension zu lösen, so dass wir in der Lage sind, Welten, Vorstellungen, Gedanken und Programme zu verlassen, die uns nicht mehr dienlich sind.

Meine Seminare und Workshops haben mich gelehrt, dass viele von euch sich fragen: »Was kann ich tun, damit ich diese Inkarnation wirklich sinnvoll durchlebe?« Und die Antwort auf diese Frage findet ihr im vorliegenden Buch. Sie ähnelt sehr der Antwort, die meine plejadischen Begleiter uns in meinen Veranstaltungen immer geben: »Heile deine Seele von alten Verletzungen. Deine geheilte Seele verbindet dich automatisch mit deinem Wissensfeld und dadurch mit dem uralten Wissen der Menschheit.«

Dieser abschließende Band von Evas Trilogie ist wirklich ein Höhepunkt. So viele Erkenntnisse für euren irdischen Weg findet ihr hier. Ihr alle, die ihr die Anziehungskraft des Buches spürt, tragt einen außerirdischen Seelenanteil in eurem Körper. Dieser außerirdische Seelenanteil hat euch zum vorliegenden Buch geführt, das ein Schlüssel ist – ein Schlüssel, der aus Lichtinformationen besteht, die euch die Tür zu neuen Welten aufschließen. Diese Welten helfen euch, eure Seele zu heilen und euch an weiteres Wissen anzubinden, auf das ihr vielleicht schon lange sehnsüchtig gewartet habt. Und wenn ihr die imaginäre Tür irgendwann wieder hinter euch schließt, begreift ihr sicher auch den Satz, der Eva so enorm wichtig ist: »Wo die Vergangenheit endet, beginnt die Zukunft.«

Ich danke Eva für dieses wundervolle Werk, das so viele Seelen unterstützen und bereichern wird, das ihnen den Weg zum Erwachen ebnet und den Aufstieg leichter macht. Ich danke ihr für ihren Eifer, mit dem sie anderen hilft, und für ihre Arbeit als Heilerin, die nicht nur in dieses Buch eingeflossen ist, sondern auch immer in ihre beratende Tätigkeit und das Zuhören, wenn Menschen sie um Unterstützung bitten.

Es gibt einen sehr alten Spruch: »Wir sitzen alle im selben Boot.« Deshalb helfen wir stets auch uns, wenn wir anderen helfen. Nichts in diesem Universum ist voneinander getrennt, jede Arbeit und Aktivität, die zu unserem Gesamtaufstieg beiträgt, ist unersetzlich und unglaublich wertvoll. Es findet gerade nicht nur der Aufstieg des Menschen statt, sondern auch der Aufstieg der Erde, des Sonnensystems, dieser Galaxis, ja des ganzen Universums. Und indem wir unseren Nächsten helfen, helfen wir der göttlichen Intelligenz.

Ich danke dir, liebe Eva, dass du mit deinem Buch zu unserem gemeinsamen Aufstieg und unserem gemeinsamen Weg in dem einen großen Boot beigetragen hast.

Ich danke dir, dass du den kostbaren Worten deiner lichtvollen Sternenbegleiter gelauscht und sie an uns weitergegeben hast. Ich wünsche dir alles Glück der Welt für dein weiteres Leben und unermesslich viel Inspiration von deinen Alien-Fragmenten bei all deinen künftigen Projekten.

Euch, liebe Leserinnen und Leser, wünsche ich viel Liebe, Licht und Unterstützung von euren Lichtbegleitern. Ich wünsche euch und euren Familien einen großen Segen.

In Liebe und Licht!

Eure Pavlina Klemm

Liebe Leserin, lieber Leser,

du hältst hier das abschließende Buch der Trilogie *Heilungscode der Plejader* in Händen. Warum eine Trilogie? Die Zahl Drei ist ein Katalysator, und deshalb wird dieses Buch auch der Motor deiner inneren Wandlung von einem gewöhnlichen Menschen zu einem außergewöhnlichen planetarischen Wesen sein. Habe Mut und bahne dir deinen Weg durch die Dunkelheit! Folge dem Alien-Kompass in dir, von dem du hier erstmals erfährst. Er leitet dein Herz und sorgt dafür, dass Weisheit deinen außerirdischen Verstand erleuchtet. Werde zu einem Menschen, der die Wahrheit sieht, hört und spricht. Wir laden dich dazu ein, das uralte Sternenwesen, das du sein möchtest, wiederzuentdecken und zu verkörpern.

Heilungscode der Plejader 1: Lemurien, Atlantis und die Befreiung der Seelenenergie vermittelt dir ein tieferes Verständnis der drei Grundelemente, die dich zu einem göttlichen Wesen machen (Ego, Seele & Körper) und gibt dir die Werkzeuge für deine innere Wandlung in die Hand. Durch diesen und die folgenden Bände der Trilogie kannst du zum Schriftsteller deiner eigenen Realität werden. Bevor du dich mit deinem Ego anfreunden kannst, musst du es aber zunächst einmal richtig verstehen. Deine Seele schreit nach Heilung ihrer Verletzungen aus früheren Leben, die dich immer noch verfolgen. Dein Körper möchte, dass Ego und Seele in Harmonie miteinander leben, um das Leben zu manifestieren, das du dir erträumst. Diese Dynamik kannst du mithilfe der spirituellen Aspekte des pythagoreischen Dreiecks, der Fibonacci-Folge und der Erinnerung an deine drei ursprünglichen Seelenverletzungen erforschen; so findest du den Weg zu deiner persönlichen Heilung. Dieses Buch führt dich auf eine Reise der Selbsterkenntnis, auf der du lernst, dass du kein gewöhnlicher Mensch bist, sondern ein göttliches Sternenwesen, das auf der Erde lebt.

Die Geschichte von Tia-La und Aro erzählt vom wahren Sinn einer Zwillingsflammenliebe und zeigt, wie Wünsche und Bedürfnisse eine Beziehung zerstören können. Aus der Geschichte dieser beiden wirst du lernen, dass durch bedingungslose Liebe Bindungen entstehen können, die über viele Existenzen hinweg bestehen bleiben.

Heilungscode der Plejader 2: Kosmische Liebe, Projekt Erde und die Heilung der Zeitlinien hilft dir, spirituellen und physischen Reichtum zu manifestieren. Um zur Manifestation deiner Zukunft zu werden, musst du über deine normalen Fähigkeiten des Wissens und Fühlens hinausgehen. In diesem Buch lernst du, Verletzungen aus früheren Leben zu heilen und auf dem Fundament deines Wissens positiven Reichtum aufzubauen. Um Zugang zum Wissen deiner Seele zu gewinnen, musst du nicht nur deine Vergangenheit als auf der Erde lebender Außerirdischer, sondern auch den Menschen akzeptieren, zu dem du geworden bist. Das geht nicht ohne Akzeptanz, Vergebung und bedingungslose Liebe zu dir selbst und zu anderen. Du bist ein Schriftsteller deiner Realität, ein Zeitreisender und Magier. Am Ende dieses Buches lade ich dich dazu ein, zum Hüter des Kristallwirbels zu werden und der Menschheit zu dienen.

Die Geschichte von Seele und Ego zeigt, wie die Dynamik zwischen Herrscher- und Opferrolle eine Beziehung ruinieren kann. Bedingungslose Liebe ist stets die höchste Energie. Die Geschichte zeigt aber auch, wie Seele und Ego mühelos auf Quellen uralten Wissens zugreifen können, wenn sie als Team zusammenarbeiten.

Heilungscode der Plejader 3: Alien-Fragmente, Reise der Seele und multidimensionales Leben führt dich zum nächsten Schritt deines spirituellen Wachstums. Im hier vorliegenden Band entwickelst du dich von einem dreidimensionalen menschlichen Wesen zu dem fünfdimensionalen – oder noch mehr Dimensionen umfassenden – multiplanetaren Wesen, das du damals zu atlantischer oder lemurischer Zeit warst. Die Lektionen, die du in diesem Buch lernst, werden sich in deinem täglichen Leben manifestieren. Die Essenz deiner Seele wird die außerirdischen Erinnerungen wecken, die du in den Wissensbewahrern der Erde verborgen zurückgelassen hast. Nachts, wenn dein Körper ruht, wird deine Seele in andere Welten reisen und von Wahren Lehrern unterrichtet werden. Dadurch wird dein menschliches Ego getriggert, und du wirst vielleicht wieder einmal von negativer Energie und destruktiven Gedanken attackiert werden und das Gefühl haben, am liebsten aufgeben zu wollen.

Aber lass dich jetzt nicht unterkriegen, sondern mach weiter! Du hast das goldene Reich der fünfdimensionalen Frequenz schon fast erreicht. Sobald du dort angelangt bist, gewinnst du Zugang zu deinem außerirdischen Verstand, kannst dabei aber gleichzeitig in einem dreidimensionalen menschlichen Körper existieren und ein Leben voller Glück, Liebe und Mitgefühl im Dienst an der Menschheit genießen.

Dieses Buch lädt dich dazu ein, selbst zu einem Teil der Geschichte zu werden, die es erzählt. Dabei erhältst du Unterstützung vom Rat des Lichts und der Dunkelheit von Sirius A. Durch das ganze Buch ziehen sich immer wieder beispielhafte Geschichten und Weisheitslehren.

Der Alien-Kompass und das Alien-Fragment werden zu neuen Wörtern deines spirituellen Vokabulars werden. Du wirst sogar lernen, wie du die 5D-Viruszone meistern kannst, und erfährst auch etwas über die Hintergründe der Galaktischen Kriege. Es ist die Geschichte der Reise deiner Seele zur Erde. Und dabei wirst du auch dein Rückflugticket in deine uralte Heimat im Universum entdecken.

Die Geschichte von Maggie und Mikael erzählt von zwei Sternenwesen, die auf der Erde leben und vergessen haben, wer sie sind. Das irdische Leben fällt ihnen schwer, und sie haben das Gefühl, anders zu sein – genau wie du. Trotzdem verlieren sie nicht den Mut und folgen tapfer ihrer Berufung. Höhere Wesen ziehen sie aus ihren Meditationen und Träumen in ihre Welten auf Sirius, Orion und den Plejaden empor und beginnen sie zu unterrichten, damit sie ihre Mission auf der Erde erfüllen können, so wie es vor ihrer Geburt in ihrem Seelenvertrag vereinbart worden ist. Und auch hier hilft bedingungslose Liebe wieder bei der Überwindung aller Hindernisse. Wundersame Heilungsprozesse stehen jedem offen, der bereit ist, sie anzunehmen – auch dir. Wo die Vergangenheit endet, beginnt die Zukunft. Möge deine Zukunft spektakulär sein.

Lass deine INNERE WANDLUNG beginnen.

Wir lieben dich bedingungslos.

Die Plejader, Orioner und Sirianer
Die Lichter des Universums

1

Weisheitslehre

»Ihr seid Licht und Dunkelheit. Eure Aufgabe ist es, diese beiden Kräfte, die in euch wohnen, in harmonischen Einklang miteinander zu bringen, damit ihr wieder in eure Heimat im Universum zurückkehren könnt.«
~ Die Lichter des Universums ~

Der Türkisgarten

Durchgabe der Sirianer

»Hier liegt die Essenz eurer Seele«, sagte die Wahre Lehrerin und ließ ihren Blick über die Schar ihrer Schüler schweifen.

Jede Nacht, wenn die Körper der Schüler in ihren Betten ruhten, reisten ihre Seelen hierher und versammelten sich im Tempel auf Sirius A, wo sie ihnen ihre Weisheitslehren vermittelte in der Hoffnung, dass sie sich später im Wachzustand wieder daran erinnern würden.

»In der türkisfarbenen Rose?«, fragte jemand.

»Die Rose ist nur eines der vielen kostbaren Dinge, an die ihr euch aus eurer galaktischen Vergangenheit erinnert und die auch in der Zukunft immer noch lebendig sind. Diese Rose kommt von den Sternen, genau wie ihr«, erklärte die Wahre Lehrerin lächelnd. »Die Rose wird euch helfen, euch an unsere Verbindung zueinander zu erinnern.«

Sie holte ein kleines Fläschchen heraus und versprühte Rosenessenz in der Luft.

»Vor ungefähr zweitausend Jahren trafen unsere Seelen sich hier auf Sirius in unseren Astralkörpern. Das war am letzten Tag der Kreuzigung Christi. Die Einheit unserer Seelen trug uns hierher. Auf der Erde waren wir unter dem Namen Essener bekannt. Es gab auch noch andere Völker auf der Erde, die zu jener Zeit mit uns in Verbindung standen – an verschiedenen geologischen Orten und unter verschiedenen Namen. Doch in unseren Seelen waren wir alle mit dem Christus/Magdalena-Bewusstsein, mit den Essenern, vereint.

Während unseres Treffens auf Sirius erfuhren wir, dass unsere Aufgabe auf der Erde noch lange nicht abgeschlossen war und dass wir eine Erinnerung für unser zukünftiges Ich dort hinterlassen mussten, damit wir nie vergessen, wer wir sind, worin unsere Aufgabe besteht und – was am allerwichtigsten ist – damit wir uns aneinander erinnern.

Das HERZ der Menschheit wurde zum Zeitpunkt der Kreuzigung Christi erweckt.

Der VERSTAND der Menschheit erwacht jetzt«, bei diesen Worten schaute sie ihre Schüler der Reihe nach schweigend an, »die Zukunft ist jetzt.«

Sie machte eine Pause und projizierte auf energetischem Weg so viel bedingungslose Liebe in ihre Seelen hinein, wie sie konnte, damit sie sich später in ihrem Wachleben daran erinnern würden.

»Im Türkisgarten ruht die Essenz eurer Seele. Die werdet ihr brauchen, um euren außerirdischen Verstand zu heilen, damit ihr die Menschheit ins fünfdimensionale Bewusstsein führen könnt. Wir haben die Rosen in den Türkisgarten gepflanzt und das Christus/Magdalena-Bewusstsein mit türkisfarbener Essenz in der Erde begraben. Wie oben so unten.

Schließt die Augen und öffnet das innere Auge eurer Seele. Begebt euch in Gedanken zu einem Rosengarten, der in voller Blüte steht. Atmet den süßen Duft der Rosen ein. Hört das leise Wispern in der Luft. Füllt euer ganzes Wesen mit der türkisfarbenen Essenz und hört ihren lieblichen Klang.

Akzeptiert euer menschliches Ego und zeigt ihm die Treppe zu eurem brillanten Verstand. Wie oben so unten. Wie im Kosmos so auf der Erde. Der Türkisgarten ist euer sicherer Zufluchtsort, wo eure unsterbliche Seele und euer außerirdischer Verstand sich miteinander vereinen.«

Sie saßen alle schweigend da, und mit ihren inneren Augen sahen sie ihre Regenbogenkörper leuchten.

»Ihr habt immer an die Macht der Liebe geglaubt. Liebe überwindet alle Hindernisse. Wenn ihr liebt, lebt ihr. Wenn ihr liebt, heilt ihr. Durch Liebe werdet ihr zueinander finden.«

Das Leben auf der Erde

Durchgabe der Lichter des Universums

Du bist vor Urzeiten von den Sternen gekommen. Schließlich wurdest du zu dem Menschen, der du heute bist. In Atlantis führte die Absenkung deiner Schwingungsfrequenz zu einer Abtrennung des Bewusstseins, durch die du dich vom Einssein abgespalten hast. Die helle und die dunkle Seite wurden in der Dualitätsschablone auf der Erde deutlicher sichtbar, und innerhalb kurzer Zeit herrschte dort die Dunkelheit mit ihrer Machtgier vor. Sie vergiftete den brillanten Verstand, und die Lichtcodes, die in der Seele jedes Wesens verschlüsselt sind, wurden versteckt. Doch bei denjenigen, die ihre spirituellen Praktiken aufgaben, wurden die Lichtcodes an einem sicheren Ort aufbewahrt, damit sie sich ihr höheres Bewusstsein bewahren konnten.

Wurde die Erde zu einem goldenen Käfig, und wurden die göttlichen Wesen womöglich zu exotischen Vögeln, die dort gefangen waren?

Ja.

Ist die Erde ein grausamer Ort?

Nein.

Alles auf der Erde ist dazu da, dir etwas beizubringen.

Sobald du den Hass auf das irdische Leben in Liebe zum Leben verwandelst, wirst du erkennen, dass die Käfigtür schon immer offenstand. Das höhere Bewusstsein war schon immer da, und die Menschen, die ernsthaft auf der Suche nach Weisheit sind, hatten stets Zugang dazu.

Also habe Mut, erhebe dich über die 3D-Welt, erforsche die 5D-Welt, lerne und gedeihe darin und sei glücklich, bevor du die Erde verlässt. Glück und bedingungslose Liebe passen gut zu deinem außerirdischen Verstand.

Die Dualitätsschablone

Durchgabe der Sirianer

Dieses Universum ist ein Teil der Dualität von Licht und Dunkelheit. Keiner von uns erinnert sich noch daran, wie es vorher war. Dieses Universum, wie wir es heute kennen, war eine harmonische Verschmelzung aus der Kosmischen Liebe – der

Seelengruppe, die dieses Universum entdeckt hat – und dem Intelligenten Verstand, der Energie dieses Universums, die bereits existierte, bevor sie sich mit der Seelengruppe der Kosmischen Liebe vereinigte.

Was ist Licht und was ist Dunkelheit?

Ist die Kosmische Liebe ein sicherer Zufluchtsort für die Seele, eine Quelle des Lichts? Oder ist sie dunkel, weil sie in dieses Universum eingetreten ist, das ursprünglich nur ein Intelligenter Verstand war? Ist sie dunkel, weil sie mit einem Intelligenten Verstand verschmolzen ist und Dualität manifestiert hat, um ihre natürliche Leidenschaft und Neugier darauf zu befriedigen, wie das Leben funktioniert?

Oder ist der Intelligente Verstand eine Quelle des Lichts, weil er das Wissen und die Fähigkeiten zum ultimativen Überleben in diesem Universum besitzt? Weiß dieser Intelligente Verstand, dass unser Universum ebenso gut auch ein Teil anderer Universen in der gesamten Existenz sein könnte, zumal kaum ein Außerirdischer das in einer für alle verständlichen Sprache erklären könnte? Oder ist dieser Intelligente Verstand dunkel, weil er Regeln, Gesetze und eine natürliche Ordnung kennt, um das Überleben zu sichern? Könnte er dunkel sein, weil er der ursprünglichen Vereinigung mit der Seele nicht widerstehen konnte und mithalf, ein drittes Partikel – einen Körper – zu erschaffen, in dem er diese Erfahrung in Form von Weiblich und Männlich, Licht und Dunkelheit – als zwei gegensätzliche Teile, die einander anziehen – machen konnte?

Nach unserer Definition ist die Seele das Licht Gottes (Einheit), und der Verstand ist ein dunkler, sicherer Kokon, der die Seele auf ihren Reisen beschützen soll.

Aber auf jeder Reise können unerwartete Schwierigkeiten auftreten, und wenn der Verstand infiziert wird, kann ein sicherer Kokon sich in ein Bett aus gefährlichen Dornen verwandeln, um seine Rose zu schützen.

Die Lehre von Mutter Erde

Durchgabe der Plejader

Auf der Erde spendet die Sonne euch Licht, damit ihr etwas erschaffen, eure Nahrungsmittel anbauen und gedeihen könnt. Die Nacht umgibt euch mit Dunkelheit, damit ihr euren Körper regenerieren könnt. Das Leichentuch der Dunkelheit umhüllt euch schützend, wenn ihr in eine dunkle Nacht der Seele eintaucht. Eure dunkle Nacht der Seele kann euch zeigen, wie der heilende Schlamm am Grund der Dunkelheit euch nährt, damit ihr ins Licht aufsteigen könnt. In ihrer ursprünglichen Essenz ist Dunkelheit etwas Heilsames. Ihre heilsame Natur entfacht das Licht der Seelenerinnerung.

Da das Licht des Tages und die Dunkelheit der Nacht sich gegenseitig um die Erde jagen, hast du keine Kontrolle über ihre Funktion, aber bei deinen Gefühlen ist das anders. Letztlich ist es deine Entscheidung, wie du die Dinge empfindest. Du siehst: Licht und Dunkelheit waren immer schon da. Sie sind ein Teil von dir und liegen in deinem eigenen Inneren. Das Wissen um Licht und Dunkelheit ist in deiner DNA verschlüsselt. Die ursprüngliche Dualitätsschablone des Universums ist in neutraler Sprache (Energie) kodiert. Sie ist das Fundament deines Lebens und unterstützt dich sogar in diesem Leben. Auf der Erde wurdest du jedoch sehr stark von äußeren Einflüssen konditioniert, die dir einreden, wie du dich fühlen und verhalten solltest, was von dir erwartet wird, was gut und was schlecht ist.

Auf der Erde haben sowohl Licht als auch Dunkelheit ihre Verfechter, die sich beide mit guten Argumenten für ihre Agenda einsetzen. Denke daran, dass du in einer Welt lebst, wo deine Sinne geschärft und deine Emotionen gesteigert sind und die Dualität dir ein Leben voller Illusionen vorgaukelt. Illusionen, die eine Realität erschaffen, die für euch alle sehr real ist. Euer physischer Körper wird durch verschiedene Einflüsse konditioniert, doch eure Emotionen sind der wichtigste Schlüssel zu eurem inneren Programm.

Auf der Erde haben wir alle gelernt, dass man in der Sprache der Emotionen alles ausdrücken kann. Vielleicht war es ein guter Plan der höheren Macht, dass sie die Außerirdischen dazu angespornt hat, die Erde zu finden, dort Experimente durchzuführen und die innere Funktionsweise und Bedeutung der Dualitätsschablone zu entdecken.

Wir haben viel mehr bekommen, als wir erwartet hatten. Aus etwas, das von unseren außerirdischen Vorfahren ursprünglich nur als kurzer Aufenthalt gedacht gewesen war, wurden Jahrtausende – nicht auf unseren eigenen Wunsch, sondern durch die Macht des Schicksals. Bist du bereit, wieder nach Hause zurückzukehren?

~ Dein spirituelles Team

Durchgabe der Plejader

Wir sind hier, um euch bei eurer spirituellen und physischen Transformation aus dem 3D-Bewusstsein in das außerirdische 5D-Bewusstsein und dem Aufstieg in höhere Bewusstseinsebenen zu helfen. Das bedeutet, dass die Menschen rechtmäßigerweise zu planetaren Wesen werden und die Schablone dann auch in den höheren Dimensionen weiter meistern können, bis sie ihren Weg vollendet haben. Das ist eine Reise, auf die wir alle gehen müssen. Dabei gibt es keine Gewinner oder Verlierer. Manches Wissen kann weitergegeben werden, manche Weisheit muss entdeckt werden, und wir müssen alle Lehren, die wir aus dieser Entdeckungsreise ziehen, freudig zu unserer neuen Lebensweise machen – nicht im Zustand der Trennung, sondern zu einer Einheit verbunden.

Jeden Abend, wenn du schlafen gehst, begibt sich deine Seele in die höheren Dimensionen, und dann findest du dich oft in unserer Gesellschaft wieder. Du kannst dir uns als deine Seelenfamilie oder deine Freunde da draußen im Kosmos vorstellen. Wir können dich immer wieder daran erinnern und dich lehren, worin der Zweck deines Daseins im Dienst an der Menschheit besteht. Wenn du dein Leben transformierst, inspirierst du andere dazu, in deine Fußstapfen zu treten. Wahre Lehrer wirken durch ihr Beispiel, so wie Jesus Christus und Magdalena es in eurer gar nicht so fernen Vergangenheit getan haben.

Verlasse deinen Käfig

Maggies Traum

»Ich werde aus dem *Käfig* heraustreten und mein Herz öffnen, um hundertprozentig daran zu glauben, dass es mehr gibt, als mein menschliches Auge sehen kann, mehr, als meine Ohren hören können, und mehr, als mein Herz in diesem Moment fühlen kann. Ich spüre tief in meinem Inneren, dass ich mehr bin als nur ein Mensch, der ein ganz gewöhnliches Leben führt. Ich werde meinen Verstand von seiner tausendjährigen Amnesie heilen, um mich daran zu erinnern, wer ich bin – um mir ins Gedächtnis zurückzurufen, dass jeder Gedanke und jede Tat wichtig ist. Unsere Gedanken und Taten haben die Erde erst zu dem gemacht, was sie heute ist.«

»Wie geht es dir damit? Was empfindest du dabei, dass deine Gedanken und Taten die Erde zu dem gemacht haben, was sie heute ist?«, fragte eine Stimme in dem luziden Traum, den sie gerade erlebte.

Da wich ihr Mut plötzlich einer panischen Angst davor, bei irgendetwas versagt zu haben. »Mir ist gar nicht wohl dabei«, antwortete sie zaghaft. »Ich werde aus dem *Käfig* eines vorherbestimmten Lebens heraustreten und lernen, meine Gedanken und Taten unter Kontrolle zu bringen, damit ich einen besseren Beitrag zur Gestaltung dieser Welt von morgen leisten kann – und dann kehre ich wieder nach Hause zurück.«

»Vergiss nicht, dass die Verbindung von Herz und Verstand der Schlüssel dazu ist. Achte auf alle Zeichen und Symbole«, sagte die Stimme so laut, dass sie davon aufwachte.

Maggie setzte sich mitten in der Nacht hellwach in ihrem Bett auf. *Hat tatsächlich jemand mit mir gesprochen? Ich habe diese Stimme schon einmal gehört. Sie kam mir ganz real vor. Herz und Verstand, das begreife ich – aber was ist mit Zeichen und Symbolen gemeint?*

»Maggies magische Wesen« – im Coffeeshop

Maggies Leben

Als Maggie später einem ihrer alten Stammkunden einen *Latte macchiato* zubereitete, dachte sie mit gemischten Gefühlen über ihren Traum nach. Manchmal fühlte sie sich tapfer und mutig, dann überkamen sie wieder Versagensängste, als sei sie für alles Leid der Erde verantwortlich. Das erinnerte sie daran, wie sie sich in ihrer Kindheit gefühlt hatte. Schon damals war sie sich oft wie eine Versagerin vorgekommen. Außerdem glaubte sie, der Grund für das Elend aller anderen Menschen zu sein. *Vielleicht wäre die Welt besser dran, wenn ich nie geboren worden wäre*, hatte sie immer wieder gedacht.

Zeichen und Symbole, ging es ihr durch den Kopf, *ob ich die wohl erkennen werde?*

»Hier, dein Latte, George.«

»Du hast wirklich magische Kaffeebohnen, Maggie. Dein Kaffee macht mich immer ganz glücklich.«

»Danke«, lächelte Maggie.

»Ich wünsche dir Liebe und Licht«, sagte George zum Abschied. Als Maggie ihn verständnislos anstarrte, fügte er hinzu: »Wie die Beatles gesungen haben: ›All you need is love‹, und wie ein weiser Mann einmal sagte: ›Es gibt immer ein Licht am Ende des Tunnels.‹ Einen schönen Tag noch, Maggie«, lächelte er und verließ das Café.

In diesem Augenblick spürte Maggie in ihrem Herzen die Verbindung zu ihrem Verstand, und ihr begann klar zu werden, was die Stimme in ihrem Traum gemeint hatte.

Sie hatte ihren Coffeeshop ›Maggies magische Wesen‹ genannt, weil sie in ihrem Leben immer wieder die Anwesenheit vieler unsichtbarer Wesen spürte, die ihr auf ihrem Weg weiterhalfen. Allerdings erkannte sie sie nicht immer und hatte früher auch Angst vor ihnen gehabt.

Doch als sich dann die Gelegenheit bot, ihren Coffeeshop zu eröffnen, hoffte sie, dass diese magischen Wesen die Tassen ihrer Kunden mit der gleichen Liebe und Unterstützung füllen würden, die sie selbst immer wieder von ihnen erhalten hatte. Dieser Wunsch hatte sich offenbar erfüllt: Anscheinend besaßen jetzt auch ihre Kaffeebohnen magische Kräfte.

Für den Rest des Tages wünschte Maggie all ihren Kunden »Liebe und Licht« – egal was sie von ihr dachten.

2

Wissensbewahrer

Die Galaktischen Bibliothekare

Durchgabe der Sirianer

Wir Sirianer sind auch als Galaktische Bibliothekare bekannt, denn wir sind Wissensbewahrer. Ihr kennt uns zudem unter der Bezeichnung »Weisheitslehrer«.

Wir haben die Geschichte dieses Universums so weit zurückverfolgt und aufgezeichnet, wie sich die Bewohner daran erinnern können. Diese Aufzeichnungen kann man in unserer Akasha-Chronik auf Sirius B nachlesen.

Die Erde ist ein vollkommen bewusstes Wesen – eine lebende Bibliothek – und im Vergleich zu den anderen Planeten in deinem Sonnensystem einzigartig. Außerdem besitzt sie die Fähigkeit, selbst Geschichten aufzuzeichnen. Während unserer

Zeit in Lemurien haben wir entdeckt, wie man in ihrer Energie lesen kann. Hinsichtlich deiner irdischen Inkarnationen ist die Erde deine Mutter, deine Heilerin, deine erste Lehrerin und deine Wissensbewahrerin.

Dein Körper hat aber noch einen weiteren Wissensbewahrer, nämlich deine DNA. In jeder Inkarnation werden die Erinnerungen von Seele und Ego zusammen mit deinem Seelenvertrag für diese spezielle Existenz in deinen Körper hinuntergeladen. Daher ist dein Leben vorherbestimmt.

All deine früheren Erinnerungen lassen sich durch das Energiesystem deines Körpers ablesen. Auf diese Weise kannst du auf uralte Erinnerungen zugreifen, um deinen inneren Wandlungsprozess voranzutreiben, deinen Seelenvertrag zu verändern und dir eine bessere Zukunft auszusuchen.

Dass du deinen Seelenvertrag noch ändern kannst, während du bereits im Körper inkarniert bist, ist ein liebevolles Geschenk von Mutter Erde. Die Entscheidung, wie du dein Leben führen möchtest, lag schon immer bei dir.

Du glaubst, in einem Käfig gefangen zu sein, und siehst nicht, dass der Käfig gar nicht verschlossen ist. Die Transformation deiner alten Überzeugungen gibt dir den Mut, die Tür zu öffnen und den Käfig zu verlassen.

Ein Wissensbewahrer ist etwas oder jemand, der oder das Informationen in seinem Inneren aufbewahrt.

In unserer jahrtausendealten Vergangenheit haben wir auch andere Arten von Wissensbewahrern geschaffen. Wir haben einen Teil unseres außerirdischen Wissens zur sicheren Aufbewahrung strategisch klug im Mineral- und Pflanzenreich der Erde deponiert für den Fall, dass wir es in Zukunft brauchen würden. Da du immer noch auf der Suche nach diesen Informationen bist, wollten wir dir das Wichtigste von der Geschichte deines Planeten vermitteln: wie das Wissen aufbewahrt wurde, wie man damals darauf zugreifen konnte und wie du es heute finden kannst. Denke daran: Inzwischen sind Jahrtausende vergangen, und vieles hat sich verändert. Aber wahres Wissen ist wie bedingungslose Liebe – unvergänglich.

Die Akasha-Chronik

Durchgabe der Sirianer

Auf der Erde werden schon seit Tausenden und Abertausenden von Jahren Bücher geschrieben. Ihr ursprünglicher Zweck bestand in der Bewahrung von Wissen – vor allem für diejenigen, die den katastrophalen Untergang von Atlantis überlebt hatten. Ein Buch, das wahres Wissen enthält, ist ein Testament, das in der Absicht verfasst wurde, der Menschheit in späteren Zeiten zu dienen.

In lemurischer und atlantischer Zeit brauchte man auf der Erde keine physischen Bücher. Alles war bereits in der Akasha-Chronik aufgezeichnet. Tatsächlich waren physische Bücher uralte Artefakte, und manche Außerirdische erinnerten sich nicht einmal mehr an sie.

Die Atlanter waren für ihre fortschrittlichen Technologien bekannt. Ihr Wissen speicherten sie in »elektronischen Dateien«, auf die man mit einer Technologie, die man heute als drahtloses Netzwerk bezeichnen würde, leicht zugreifen konnte. Wenn man für die Erledigung einer Aufgabe bestimmte Informationen brauchte, besuchte man diese virtuelle Bibliothek und lud die »Informationsdatei« in sein Datenspeichergerät herunter, also ganz ähnlich wie bei euren heutigen Clouds. Man las die Datei mithilfe eines Lesegeräts oder eines Implantats in seinem eigenen Körper – je nachdem, was einem lieber war.

Allerdings war das nicht so einfach, wie es sich anhört. Die Akasha-Chronik ist nicht uneingeschränkt zugänglich, und diese Einschränkungen gelten selbst für Außerirdische. Wir müssen uns alle an dieselben Regeln halten, denn Wissen ist eine Macht, die schon unzählige Male in die falschen Hände geraten ist. Wenn der falsche Verstand Macht erhält, ist sie ein zerstörerisches Werkzeug, während sie in den richtigen Händen etwas Wunderbares sein kann.

Der Zugang zur Akasha-Chronik hängt von deinem Ausbildungsstand, deinem spirituellen Niveau und davon ab, aus welchem Sektor du genau kommst. Zum Beispiel braucht ein Nuklearingenieur keinen Zugang zu Daten über Gehirnchirurgie, und ein Raumschiffkommandant vom Stern Rigel muss keinen Zugang zur Weisheitslehre von Sirius A haben – es sei denn, der Raumschiffkommandant und der Nuklearingenieur möchten sich auf eine neue Reise begeben und ein anderes Ausbildungsprogramm beginnen. Dann gibt es für diesen Aufstieg bestimmte vorgezeichnete Wege.

Wissen ist frei und universell, und jeder hat die Möglichkeit, es zu erwerben. Egal ob du aus den fortgeschrittensten Dimensionen des Universums stammst oder hier auf der Erde geboren wurdest – Zugang zur Akasha-Chronik erhält man nur, wenn man über einen gewissen Grad an Meisterschaft verfügt.

Die Wissensbewahrer der Erde

Durchgabe der Plejader

Auf der Erde wird alles automatisch im Mineralreich aufgezeichnet. In diesen Bibliotheken findet man Lösungen für alle irdischen Probleme und Krankheiten und Informationen über die gesamte Geschichte der Erde.

In Lemurien entdeckten wir, dass Mutter Erde gewisse Energie-Hotspots geschaffen hat, an denen verletzte Tiere sich versammeln, um geheilt zu werden. Wir erfuhren, dass die Erde die Lebenskraft durch ihre heilende Energie aus dem Kristallgitter nährt und erhält. Diese heilkräftige Energie hat Ähnlichkeit mit den heilenden Eigenschaften, die auch auf Mintaka und den Plejaden zu finden sind. Das Kristallgitter liegt im Erdinneren und erstreckt sich durch Leylinien und geometrische Muster über die ganze Erdoberfläche. Dieses Gitter ist sehr hochentwickelt und intelligent; man könnte es als den Verstand der Erde bezeichnen. Der Verstand der Erde ist dem Verstand von Mintaka sehr ähnlich.

Wir haben außerdem erfahren, dass das Kristallgitter der Erde mit der Energie des Universellen Verstandes kompatibel ist. Und so kamen wir auf folgenden Gedanken: Wenn wir die Aufzeichnungen in der Akasha-Chronik, die ein Teil des Universellen Verstandes sind, speichern und abrufen können, dann muss das auch mit dem Kristallgitter möglich sein. Wir begriffen, wie einzigartig die Erde ist. Sie ist ein bewusstes, lebendiges Wesen mit einem programmierbaren Kern.

Mineralien dienten vielen verschiedenen Zwecken …

- In Atlantis waren sie Gedächtnisspeicher, die von der Erde und von Außerirdischen als Bewahrer von Daten genutzt wurden.
- Sie dienten dort auch als Verstärker und fokussierten unglaubliche Kräfte für Heilungen und gezielte Energiearbeit – Quellen natürlicher Kraft, ähnlich wie Sonnenenergie.
- Dort waren sie auch Werkzeuge, für sich allein oder als Teil anderer Geräte eingesetzt in der Elektronik oder als medizinisches Besteck, Schneidewerkzeuge und dergleichen mehr.
- Und programmierbar waren sie ebenfalls, wobei sie für positive *und* negative Ziele eingesetzt werden konnten, denn sie halten die Frequenz des beabsichtigten Programms, wie Liebe, Heilung, Hass oder Wut; ähnlich Kristallen machen

auch Mineralien im Hinblick auf Energieprogramme keine Unterschiede, für sie ist alles einfach nur Energie.

- In Lemurien dienten Mineralien außerdem noch als Gefäße für andere Wesen, die für dein Auge unsichtbar wären.

Kristalle als Wissensbewahrer

Durchgabe der Plejader

Zu Zeiten des alten Lemurien waren wir eins mit der Erde und brauchten keine Chroniken zu führen. In Atlantis entwickelten wir ein Gerät – man könnte es als Kristall-Lesegerät bezeichnen –, um Wissen in Kristalle auf der Erde einzuprägen. Es gab auch ein Gerät, mit dem man Dateien aus der Akasha-Chronik herunterladen und in Kristalle hochladen konnte, um sich eine ganz persönliche Bibliothek zusammenzustellen. Das gleiche Gerät verwendete man, um die Informationen aus den Kristallen bei Bedarf wieder abzurufen.

Ungefähr sechstausend Jahre vor der Zerstörung von Atlantis begann uns eine Disharmonie in der Energie der Erde aufzufallen, die unruhige Zeiten voraussagte. Da nahmen wir uns vor zu lernen, wie man ohne Kristall-Lesegeräte mit Kristallen arbeiten kann. Aber wie sollten wir das genau anstellen, wenn uns irgendwann keine externe Energie für unsere außerirdischen Technologien mehr zur Verfügung stand?

Das Leben in Atlantis war sehr angenehm. Wir müssen zugeben, dass wir mit Technologien, die uns das Leben einfacher machten, geradezu verwöhnt waren. Wir nutzten Werkzeuge, die Ähnlichkeit mit euren Handys und Computern haben. Also machten wir es uns zur Aufgabe, in die Geschichte zurückzuschauen und herauszufinden, wie wir die Gaben der Erde vielleicht auch ohne Einsatz unserer mit externer Energie betriebenen Technologien nutzen könnten.

Dazu mussten wir unser Wissen über die alten lemurischen Fähigkeiten wiedererwecken. Wir mussten wieder lernen, eins mit der Erde zu sein und auf derselben Frequenz zu schwingen wie die Natur. Man kann sagen, dass die Lemurer echte Magier waren. Ihre Intuitionsgabe und ihre Fähigkeit, mit der Essenz der Natur und aller Lebewesen zu verschmelzen, waren phänomenal. Nach gründlichen Recherchen in der Geschichte und mit viel Übung eigneten wir uns die Fähigkeiten der Lemurer an und lernten, durch die Frequenzen unseres Geistes Kristalle zu programmieren.

Einfach ausgedrückt besitzt du einen Kristall in der Zirbeldrüse im Zentrum deines Gehirns. Wir wollen ihn deinen Masterkristall nennen. Wenn dein Masterkristall bewusst mit bestimmten Kristallen im Inneren der Erde in Verbindung tritt, kannst du einige deiner Erinnerungen zu diesen Kristallen transportieren. Durch die Magie der göttlichen Verbundenheit mit dem Mineralreich gelang es uns, heiliges Wissen zu bewahren. Das ist der Ursprung des lemurischen Namens »Kristall«. Wenn du damals zu dieser Arbeitsgruppe gehörtest, ist die Erinnerung daran in deinem Seelensymbol versiegelt, und deshalb kann kein anderer als du sie abrufen. Später gewährten die Weisheitslehrer bestimmten Eingeweihten, die sich dieses Privileg verdient hatten, Zugang zu dem heiligen Wissen. Es ist wichtig, sich darüber im Klaren zu sein, dass einzig und allein die Kinder des Gesetzes des Einen diese Technik beherrschten und nutzten.

Symbole als Wissensbewahrer

Durchgabe der Sirianer

Nachdem unser Leben im alten Ägypten begonnen hatte, kam uns die schmerzliche Erkenntnis, dass wir vielleicht sehr lange auf der Erde gefangen sein würden. Hellseher hatten vorausgesagt, dass unser Aufenthalt hier Jahrtausende dauern könnte. Also mussten wir uns eine neue Aufgabe stellen: Wie konnten wir Wissen bewahren, das bis in die Zukunft hinein überdauerte? Wir mussten einen Weg schaffen, der uns zu uns selbst zurückführen würde für den Fall, dass wir später vergaßen, wo wir herkamen und wie man Kristall-Wissensbewahrer liest. Meister Thoth leitete uns bei diesem Vorhaben an, Wissen zu bewahren, das wir in Atlantis geschaffen hatten in der Absicht, dass es die Zeiten überdauern sollte.

Dieses Projekt bestand aus zwei wichtigen Elementen: Erstens wollten wir den größten Teil unseres Wissens offenlegen, so dass jeder darauf zugreifen konnte. Das sollte uns davor bewahren, von anderen überlebenden Gruppen Außerirdischer verfolgt oder angegriffen zu werden, weil wir die Informationen vor ihnen versteckten.

Zweitens mussten wir eine neue Kommunikationsform schaffen – eine neue Sprache, die die Seele auch nach noch so vielen Inkarnationen wiedererkennen würde. Es bereitete uns Sorge, dass unsere ursprüngliche Sprache nach Jahrtausenden womöglich in Vergessenheit geraten sein könnte.

Also schauten wir uns unsere damalige Sprache an und überlegten, wie wir diese Sprache in Symbole fassen könnten, da Symbole zur Sprache des Lichts gehören.

Zu jener Zeit wurden auf der Erde mindestens drei verschiedene außerirdische Sprachen gesprochen. Falls du es ganz genau wissen möchtest: Die sirianische Sprache wurde in Ägypten gesprochen, bestand aus Energieklängen der Dunkelheit und des Lichts und wurde von allen außerirdischen Wesen verstanden, die in Atlantis lebten. Die Plejader bevorzugten die Sprache des Lichts. Die Andromedaner zogen eine Sprache aus Klangfrequenzen vor, und die Orioner sprachen am liebsten ihren gutturalen sirianischen Dialekt.

Seit damals arbeiteten wir unermüdlich daran, alles, was wir wussten, in schriftlicher Form – als Wort und Symbol – in echten physischen Büchern aufzubewahren, die damals aus Steintafeln bestanden: Wir mussten also schreiben lernen. Hättest du es für möglich gehalten, dass wir die physische Kunst des Schreibens nicht beherrschten?

Wir schufen aber auch mündliche Erzähltraditionen und inspirierten uns gegenseitig dazu, die heiligen Lehren in Form von bildender Kunst und Musik auszudrücken. Auf diesem Weg konnten wir alles mitteilen, sogar unsere Geheimnisse, da alles in Rätseln verwoben war, die nur Eingeweihte erkennen und verstehen konnten. Dank dieser neuen Form der Wissensbewahrung konnten wir all unsere Weisheitslehren an zukünftige Generationen weitergeben. Schließlich wurde die Fähigkeit, mit den Kristall-Wissensbewahrern zu arbeiten, zu einer Geheimlehre in den Mysterienschulen, da die überlieferten Informationen sich nicht für jedermanns Gebrauch eigneten.

Symbole, Zeichnungen, Kunstwerke und Musik wurden zur wichtigsten Informationsquelle, die dich daran erinnern sollte, wer du bist und woher du kommst, denn die Augen sind das Tor zur Seele. Wenn deine Seele sich zu erinnern beginnt, öffnet sie dir ein Tor zu all dem alten Wissen, das du brauchst, um dich daran zu erinnern, wie du den Weg nach Hause zurückfinden kannst. Im Laufe jener Jahrtausende hat sich vieles verändert. Die Sprache hat sich verändert, aber die in alten Symbolen, Zeichnungen, Kunstwerken und Musikstücken eingefangene Bedeutung ist immer noch dieselbe.

Wenn du ein Bild oder Symbol siehst oder Klänge hörst, die Erinnerungen an uralte Wahrheiten in dir wecken, spürst du vielleicht, wie Emotionen in dir aufsteigen, oder dir treten Tränen in die Augen. Mach dir bewusst, dass das eine emotionale Reaktion darauf ist, was du in diesem Augenblick siehst, hörst oder spürst. Diese emotionale Reaktion ist deine DNA, dein Wissensbewahrer, der gerade mit dir spricht und dich an etwas erinnert, was du früher einmal gewusst hast.

Kommunikation mit höheren Dimensionen und deinen Geistführern

Durchgabe der Sirianer

Symbole sind zu einer Brücke zwischen der physischen und der spirituellen Welt geworden. Über Symbole kommunizieren wir am liebsten mit euch, weil sie zur Sprache des Lichts gehören – sie sind ein Teil der unveränderlichen universellen Wahrheit. Da ihr schon einmal in einer Zeit gelebt habt, als die Sprache des Lichts überall verwendet wurde, ist das Wissen um diese Sprache in eurer DNA kodiert.

Deshalb kann deine Seele sich an die Bedeutung der Symbole erinnern. Das ist der Kern der esoterischen Lehren seit dem alten Ägypten. Symbole sind eine sanfte und sichere Methode, den Wissensbewahrer in deinem Inneren zu aktivieren. Dazu brauchst du niemanden, der dir weise Worte ins Ohr flüstert und von dessen Führung du vielleicht abhängig wirst. Durch die Wahrnehmung von Zeichen und Symbolen kannst du zu einem Forscher werden, der ihre wahre Bedeutung herausfindet. So kommst du dem Ziel, deine wahre Macht zu erlangen, die dir niemand mehr nehmen kann, immer näher. Du kommst dem wahren Wissen immer näher.

Zum Beispiel hattest du vielleicht Visionen oder Träume über das Ankh, ein Symbol, das du in deinem jetzigen Leben noch nie gesehen hast, und doch verspürst du einen unwiderstehlichen inneren Drang, ein solches Symbol zu erschaffen. Dann stößt du zufällig auf ein Buch mit einer genauen Beschreibung dieses Symbols. Du kaufst dir das Buch, auch wenn es dir schwerfällt, das Geld dafür aufzubringen, denn irgendwo in deinem Inneren dürstet es dich nach Wissen über das Symbol. Du sollst wissen, dass es keinen Zufall gibt. Es gibt eine Erklärung dafür: Deine Seele erkennt das Symbol wieder. Du erinnerst dich an ein früheres Leben (das Symbol hat deine uralte DNA aktiviert), und deine Seele führt dich zu weiteren Informationen über das Ankh. Dieses Symbol hätte niemals eine Bedeutung für dich haben können, wenn du dich nicht aus einem früheren Leben noch daran erinnern würdest – wäre es nicht so, hättest du gar nicht erst davon geträumt.

Der nächste Schritt besteht darin, die energetischen Bedeutungen der Symbole auf geistiger und emotionaler Ebene verstehen zu lernen. Emotionen lassen sich durch Sprache (gesprochen oder in Gedankenform) so erklären, dass der rationale Verstand sie begreift, denn es gibt eine Verbindung zwischen Herz und Verstand. Erlaube deinem Verstand, Symbole und Zeichen wahrzunehmen, aber achte dabei auf deine ursprünglichen Emotionen, die diese Symbole in dir hervorrufen. Lass dir von deinem Herzen (deiner Seele) den Weg zeigen, um die wahre Bedeutung der Gefühle zu entdecken, die sie in dir wecken. Deine Emotionen bringen die Erinnerungen aus dem Wissensbewahrer deines Körpers ans Tageslicht. So funktioniert die Verbindung zwischen Herz und Verstand.

Eine andere Ebene der Entschlüsselung von Symbolen besteht darin, die Sprache der Farben zu dekodieren. So entschlüsselt man die Bedeutung alter Kunstwerke. Farben sind ein äußerst elementarer Bestandteil der Sprache des Lichts – und Botschaften können sehr gut in Form von Farben ausgedrückt werden. Bestimmte Farben, in denen Symbole gezeichnet oder Kunstwerke geschaffen werden, können dem richtigen Betrachter eine ganz besondere Geschichte erzählen.

Schau dir nur einmal die Symbole und Kunstwerke aus dem alten Ägypten an. Achte dabei vor allem auf die Farben Rot, Grün und Blau (inzwischen kann dieses Blau sehr dunkelblau oder sogar schwarz wirken, da die Farbe gealtert ist) und versuche herauszufinden, was für eine Botschaft diese Farben vermitteln. Du wirst staunen, wie vielen unerzählten Geschichten man dadurch auf die Spur kommt.

In *Heilungscode der Plejader 2* haben wir die Bedeutung der Farben Rot, Blau und Grün ausführlich beschrieben. Hier eine kurze Zusammenfassung:

Rot ist die Farbe deines Egos, deines menschlichen Teils, der männlichen Energie; diese Farbe steht für deine Gedanken, für frühere Emotionen und für dein Überleben.

Grün ist die Farbe deiner Seele, deines göttlichen Teils, der weiblichen Energie, und diese Farbe steht für deine Gefühle, für zukünftige Emotionen und spirituelles Wachstum, das zum Aufstieg führt.

Blau ist die Farbe deines Körpers, der vereinten Energie, deines Nervensystems, das der Wissensbewahrer deines Körpers ist (es lädt deine DNA-Informationen herunter). Diese Farbe steht für deinen Willen, für jetzige Emotionen und für deine wahre Macht, deine Göttlichkeit.

Und nun schau dir das altägyptische Kunstwerk mit diesem Wissen noch einmal an – aber betrachte es diesmal mit den Augen deiner Seele. Sieh statt der Farben die Geschichte deines Egos (deiner Gedanken), deiner Seele (deiner Gefühle) und deines Körpers (deines Willens). Was für eine Botschaft übermitteln sie dir? Nimm sie mit deinem Verstand wahr, benutze den logischen Farbdecoder, den ich dir weiter oben erklärt habe, aber lausche mit den Organen deines Körpers, vor allem mit deinem Herzen, deiner Leber und deiner Milz – was für Emotionen spürst du dabei? Und dann suche nach der logischen Erklärung für deine Emotionen und nach den Worten, um deine Gefühle auszudrücken.

☙ Hier ein Beispiel dazu …

Wir wollen uns einmal das hieroglyphische Symbol eines Skarabäus mit ausgebreiteten Flügeln und einer Sonnenscheibe über dem Kopf anschauen, aus der auf jeder Seite eine Schlange entspringt. In Ägypten wurde dieses Symbol gerne in der Grabmalkunst verwendet. Diente es nur zum Schutz? Oder könnte man durch das *Interpretieren dieses Symbols* mehr über den Menschen erfahren, der damit beerdigt wurde?

Wende den Farbdecoder auf dieses Bild an, wir helfen dir dabei, indem wir die tatsächlichen Farben benennen: Im Original ist der Skarabäus zum Beispiel blau und steht somit für das irdische Leben, den menschlichen Körper.

Die Flügel sind ein Symbol für die göttliche Seele. In diesem Kunstwerk sind die Flügel und der an einen Vogel erinnernde Schwanz rot (für Ego/Verstand), grün (für die Seele) und blau (für den Körper). Man kann auch die Farbe Türkis darin erkennen. Diese Farbe bedeutet, dass derjenige, der dieses Amulett besaß, einen Weg gefunden hatte, auf die uralte Essenz der Seele zuzugreifen (die etwas anderes ist als dein Seelengedächtnis) und sie in seinen Körper hinunterzuladen.

Dass all diese Farben in dem Bild vorhanden sind, bedeutet, dass die Seele im Einklang mit dem Ego/Verstand und dem Körper gearbeitet hat. Hätte der Skarabäus keine ausgebreiteten Flügel, so wäre das ein Symbol dafür, dass derjenige, der dieses Amulett besaß, die Vereinigung von Seele, Ego/Verstand und Körper noch nicht vollzogen hatte. Vielleicht handelte es sich dabei einfach um einen Menschen, der ein gutes, ehrenhaftes Leben geführt hat, aber noch nicht zum höheren Bewusstsein erwacht war. Flügel oder andere vogelähnliche Merkmale an dem Skarabäus deuten darauf hin, dass die betreffende Person ein spirituell Eingeweihter war.

Die Sonnenscheibe (Kreis, Sonne) über dem Kopf des Skarabäus ist ein Symbol für die Seelenhöhle, wo die Seelenerinnerungen eines Menschen gespeichert sind (nähere Ausführungen dazu findest du in *Heilungscode der Plejader 2*). Wenn du deine Seelenerinnerungen wiederentdeckst, wird deine Seele dich zu deinem außerirdischen Verstand hinführen.

Die Sonnenscheibe ist rot mit goldenem Rand. Da wir wissen, dass Rot für die Ego/Verstandes-Energie steht, wollen wir einmal nachschauen, ob es in dem Bild noch etwas anderes Rotes gibt, vor allem in Kreissymbolen. Und ja, das gibt es tatsächlich: Der Skarabäus hält in jedem seiner Fänge einen Schen-Ring. Darauf lässt sich die Bedeutung *Wie oben so unten* anwenden: Der Kreis oberhalb des Kopfes ist in reinem Rot gehalten – kurz gesagt: Er steht für einen außerirdischen Verstand. Unten haben wir in der Mitte der Schen-Ringe zwei Kreise, in denen die Farbe Rot vorherrscht, mit einem kleinen blauen Rand außen herum: ein Symbol für die Spaltung des Verstandes in der Dualität des irdischen Lebens – Ego und Verstand. Das Ego in deinem menschlichen Körper ist durch die Farben Rot und Blau dargestellt. Dein Ego kann dich so fest im Griff haben wie die adlerähnlichen Fänge des Skarabäus die Schen-Ringe, und es kann dich nach unten ziehen.

Die Sonnenscheibe wird links und rechts von zwei Schlangen bewacht. Sie symbolisieren die beiden Hauptstränge deiner DNA, spirituell/Seele – Licht und physisch/Ego – Dunkelheit. Auf dem Bild ist die rechte Schlange rotblau und die linke grünblau. Die rotblaue Schlange ist eine Lehrerin für das Ego. Die grünblaue Schlange ist eine Lehrerin für die Seele. Die beiden Schlangen werden dir keinen Zugang zu deinen Seelenerinnerungen gewähren, wenn du von deinem menschlichen Ego aus operierst. Diese Schlangen sind deine Beschützer und Lehrer. Sie schützen deine Seelenhöhle – vor DIR –, und zwar so lange, bis du deine helle und deine dunkle Seite verstanden und geheilt hast.

Wenn das Symbol in der Grabmalerei Schlangen zeigt, die die Sonnenscheibe bewachen, heißt dies, dass die betreffende Person nicht alle ihre spirituellen Lektionen so gemeistert hat, wie es eigentlich geplant war. Vielleicht ist sie zu früh gestorben? Deshalb beschützen die Schlangen ihre Seelenerinnerungen auch noch im Jenseits. Die Qualität deines Lebens nach dem Tod hängt davon ab, was für ein Leben du auf der Erde geführt hast.

Betrachtest du dieses komplexe Symbol genau, fallen dir alle drei Hauptteile – Skarabäus, Flügel, Sonnenscheibe in Kombination mit Schen-Ringen – gleichzeitig ins Auge. Das bedeutet, dass jeder Teil sich adaptieren und die Macht der Drei kennenlernen muss, bevor er zu einem mächtigen Symbol verschmilzt. Ich könnte dir die Macht der Drei in verschiedenen Worten und Formulierungen erklären, doch vorläufig wollen wir bei Gedanken – Verstand/Ego, Gefühle – Seele und Wille – Körper bleiben. Jeder davon ist ein gleichwertiger Teil von allen dreien.

Während des Transformationsprozesses mit dem Ziel, zu einer Einheit zu verschmelzen, mussten der Skarabäus mit den gespreizten Flügeln und die Sonnenscheibe jeweils ihre eigene Agenda, nur Licht oder nur Dunkelheit zu sein, aufgeben. Sie mussten anfangen, zusammenzuarbeiten und von den Schlangen zu lernen.

Die gelb-goldene Farbe im Achselbereich des Skarabäus, die auf den Flügeln um die roten Bereiche herum wiederkehrt, steht für die fünfte Dimension.

Somit beschreibt dieses Symbol das ganze Wesen seines Besitzers, seine Einheit aus Verstand, Seele und Körper. Der Mensch, der mit diesem Symbol (ohne die Schlangen) beerdigt wurde, hat die Einheit zwischen Verstand, Seele und Körper vollzogen, hat in seinem irdischen Leben die 5D-Ebene (oder eine noch höhere Ebene) erreicht und konnte sich seine zukünftige Wiedergeburt nach Belieben aussuchen. Dieses Symbol steht für eine hohe spirituelle Vollendung des Lebens.

Da dein außerirdischer Verstand sich auf der Erde in einem Zustand der Amnesie befindet, ist das Lesen der Symbole, das Erkennen der Zeichen und das Betrachten von Farben als Ausdruck von Emotionen eine sichere Methode, dich an deine Vergangenheit zu erinnern. Diese Art des Lehrens schlägt eine Brücke zwischen Verstand und Herz und hilft dir, die Herz-Verstand-Verbindung herzustellen, damit du Zugang zu 5D-Erinnerungen gewinnst. Diese Arbeit schickt dich auf eine Reise, die dazu dient, deine uralte Vergangenheit zu erforschen und aus einer etwas anderen Perspektive zu verstehen.

3

Ein Zyklus geht zu Ende

Das Raumschiff

Maggies Traum

»Dein Zyklus ist zu Ende«, sagte eine Stimme. Maggie wachte sofort auf. Sie hatte diese Stimme schon früher in ihren Träumen gehört. Im Laufe der Jahre, in denen sie auf der Suche nach Wahrheiten war und lernte, diese für ihr spirituelles Wachstum zu nutzen, war die Stimme allmählich zu einem ganz normalen Bestandteil ihres Lebens geworden.

Heute ist Dreikönigstag und mein Geburtstag, dachte Maggie. *Ich habe zwar nicht das Gefühl, dass das hier mein letzter Tag auf der Erde ist, doch vielleicht ist es ein Zeichen dafür, dass dies mein letztes irdisches Leben sein könnte? Dass ich endlich aufsteigen und nach Hause zurückkehren darf?* Maggie seufzte.

Aber ich werde meinen Coffeeshop vermissen, dachte sie verträumt und schaute in die Höhe.

»Maggies magische Wesen« auf den Plejaden oder auf Sirius? Das kann ich mir nicht vorstellen, versuchte sie die Sache von der humorvollen Seite zu betrachten. Ein erfolgreiches kleines Franchise-Unternehmen zu betreiben, war zwar ihr Traum, momentan fiel es ihr jedoch schon schwer genug, sich mit einem einzigen Coffeeshop über Wasser zu halten.

Am Horizont ging die Sonne auf.

Statt aufzuwachen, schlief Maggie wieder ein und träumte, sie sei auf der Farm ihrer Großeltern.

Das Farmhaus sah immer noch genauso aus, wie sie es aus ihrer Kindheit in Erinnerung hatte. Die Großeltern waren mit ihren üblichen Hausarbeiten beschäftigt. Sie roch sogar das Feuer im Holzofen und die Sauerkrautsuppe auf der Herdplatte. Ihr Herz strömte über vor Glück. Ihre Großeltern waren zwar schon seit einiger Zeit tot, aber in ihren Träumen lebten sie immer noch weiter. Irgendwie wusste Maggie, dass dies ihr letzter Besuch im Farmhaus ihrer Großeltern war. In ihren Träumen war dieses Haus stets ein Ort gewesen, an dem sie sich sicher und geborgen fühlte und sich erholen konnte. Im Laufe der Jahre war es dann zu einer Zuflucht vor den Anforderungen des Alltagslebens geworden. Manche Menschen können nachts nicht schlafen, andere können es kaum erwarten, einzuschlafen. Maggie schlief furchtbar gerne.

»Ich weiß, dass du mich liebst«, flüsterte sie dem Farmhaus in ihrem Traum zu.

Sie ging um das Haus herum, das sie in- und auswendig kannte, und plötzlich verwandelte sich die jetzige Realität in einen anderen Ort in einem parallelen Leben. Maggie reiste gerne in Parallelleben. Es machte ihr Spaß, in ihren luziden Träumen seltsame neue Gegenden zu erkunden.

Nichts geschieht ohne Grund, dachte sie.

Die Farm blühte und gedieh nach wie vor, die Tiere waren gut versorgt, und in dieser anderen Realität hatten ihre Großeltern sogar lustig aussehende Biber als Farmtiere.

»Die Hunde – ich muss dafür sorgen, dass die Hunde nicht frieren«, murmelte sie. Sie konnte das Heu, das sie normalerweise in die Hundehütten legten, zwar nirgends finden, aber dafür entdeckte sie ein paar Kleidungsstücke, die früher ihrer Schwester gehört hatten, als sie noch klein war. Das erinnerte sie daran, wie sehr sie ihre Schwester vermisste. Vorsichtig legte sie die Kleider in die Hundehütten. Als sie wieder aufstand, sah sie die Obstplantagen vor sich und wusste tief im Inneren ihres Herzens, dass dieser Farmbetrieb sehr gut lief.

Es war schön, das alles noch ein letztes Mal in solcher Klarheit zu sehen.

Plötzlich fand sich Maggie an einem anderen Ort in einer anderen Zeit wieder. Statt auf der Farm ihrer Großeltern stand sie jetzt am Ufer eines Sees oder Meeres – sie war sich nicht ganz sicher. Verwirrt versuchte sie sich in ihrer Umgebung zu orientieren. Sie kniff die Augen zusammen und merkte, dass irgendetwas nicht stimmte. Es war, als hätte jemand sie betäubt oder vergiftet. Dieses Gift breitete sich in ihrem ganzen Körper aus, und intuitiv wusste sie, dass sie sich beeilen musste, weil sie gleich ohnmächtig werden würde. Durch das helle Sonnenlicht reagierten ihre Augen besonders empfindlich, und sie konnte sie kaum offenhalten. Außerdem hatte sie das Gefühl, dass ihr Körper anschwoll. Um sich herum sah sie Leute, die sich sonnten, schwammen, Urlaub machten – alle sahen gesund aus, nur sie nicht.

Die haben ja keine Ahnung, dachte sie. *Ich muss mich beeilen, sie dürfen nicht ohne mich wegfahren!*

Verzweifelt lief sie ins Wasser und fühlte sich von Sekunde zu Sekunde elender. Dann spürte sie endlich eine Glasfläche unter ihren Füßen, die langsam nach unten sank wie ein U-Boot.

Wenn ich nichts unternehme, fahren sie ohne mich los. Sie dürfen mich nicht hier zurücklassen. »Wartet auf mich!«, rief sie. »Lasst mich nicht hier!«

Sie ballte die Fäuste und schlug mit aller Kraft, die ihr noch verblieben war, auf etwas ein, das wie eine durchsichtige Glasplattform aussah. Einige Leute in der Nähe beobachteten sie dabei und kamen zu ihr herüber. Wahrscheinlich dachten sie, dass sie nur zum Spaß im Wasser herumplanschte. Niemand wunderte sich darüber, wie seltsam oder unwirklich es war, dass sich da, wo sie vor einer Minute noch geschwommen waren, auf einmal diese durchsichtige Plattform unter der Wasseroberfläche bewegte.

Dann öffnete sich plötzlich ein Deckel in der gläsernen Plattform, und jemand zog Maggie hinein.

Maggie wusste, dass sie sich in einem Unterwasser-Raumschiff befand, das aufgrund irgendeiner fortschrittlichen Technologie für die Menschen um sie herum unsichtbar war und wie klares Wasser aussah. Sie wurde zu einer Gruppe von Menschen geführt, die aussahen, als seien sie krank oder hätten irgendwelche körperlichen oder seelischen Gebrechen. Maggie wusste, dass diese Leute als Versuchspersonen an Bord geholt worden waren. *Woher weiß ich das?*, fragte sie sich. Sie wusste es einfach und hatte auch gar keine Angst davor – das alles erschien ihr einfach sinnvoll. Sie sah, dass diese Menschen sich auf eine Art Besichtigungstour vorbereiteten.

Maggies körperlicher Zustand verschlechterte sich immer mehr. »Ich bin nicht so wie diese Leute!« Sie griff nach dem Arm der jungen Frau, die sie führte, und setzte hinzu: »Ich bin so wie du.« Ihr Sehvermögen ließ immer mehr nach. Trotzdem ließ sie sich nicht in ihrem Glauben an die Intuition beirren, die sie an diesen Ort geführt hatte.

Haben die Sonne und die Erdatmosphäre mich etwa vergiftet?, fragte sie sich im Stillen.

Dann entdeckte sie einen Mann, der mit den Menschen an Bord des Raumschiffs sprach.

Hat er sich ihnen vorgestellt und gesagt, dass er John heißt? Maggie wusste es nicht genau. Jedenfalls hielt er den Leuten einen Vortrag über irgendetwas. Sie versuchte zuzuhören, aber da sie ganz weit hinten stand, konnte sie seine Worte nicht richtig verstehen und auch nicht genau erkennen, was er da vorne ans Whiteboard geschrieben hatte. Das Atmen fiel ihr immer schwerer, und sie wusste: Wenn ihr nicht bald irgendjemand oder irgendetwas zu Hilfe kam, würde ihr physischer Körper ihr den Dienst versagen.

Sie wandte sich wieder an die Frauen. »Ich bin nicht so wie diese Leute«, flüsterte sie verzweifelt, und ihre blauen Augen flehten um Hilfe und Mitgefühl.

»Ich heiße Aria«, sagte die Frau und lächelte Maggie freundlich zu. »Vielleicht möchtest du gern einen Smoothie trinken?«, fragte sie mitfühlend. »Kiwi?« Sie wartete Maggies Antwort nicht ab, sondern fuhr fort: »Holst du mir bitte etwas Avocado vom Eistisch? Sie ist schon in Scheiben geschnitten. Ich bereite den Smoothie für dich zu.« Mit einem freundlichen Lächeln drückte sie Maggie einen kleinen Becher in die Hand. Aus irgendeinem Grund wusste Maggie, dass diese Frau eigentlich nicht mit ihr reden durfte. Sie ging zu einem Tisch, auf dem mehrere Eisbehälter mit kleingeschnittenem frischen Obst und Gemüse standen.

Maggie entdeckte einen Löffel und schabte das Fleisch aus den Avocadoscheiben. Wieder kniff sie die Augen zusammen, um besser sehen zu können, und spürte, dass sie auch ihre Handbewegungen nicht mehr so gut koordinieren konnte wie sonst. Maggie wusste instinktiv, dass es jetzt auf jede Minute ankam: Sie musste so schnell wie möglich diese Avocado essen. Doch zu ihrem Erstaunen hatte die Avocado nicht die Konsistenz, die sie kannte: Sie fühlte sich schleimig und geleeartig an.

Da Maggies motorische Fähigkeiten immer mehr nachließen, fiel es ihr schwer, das Fleisch aus den Avocadoscheiben herauszukratzen. Es erforderte ihre ganze Konzentration und Hand-Augen-Koordination, diese einfache Aufgabe zu bewältigen.

Sie reichte Aria das Avocadofleisch, die ihr dafür einen kleinen Becher mit etwas gab, das wie winzige orangefarbene Früchte in einer schleimigen Soße aussah. »Das musst du essen«, sagte sie. Maggie nahm den Becher und betrachtete die seltsame, geleeartige Substanz etwas skeptisch.

Doch aus irgendeinem Grund hatte sie Vertrauen zu dieser Frau. Ihr war, als kenne sie sie, und ihre Intuition sagte ihr, dass die Frau in Schwierigkeiten geraten könnte, weil sie ihr half.

»Iss nur, iss«, drängte die Frau sie stumm.

Vorsichtig nahm Maggie einen Schluck von dem Gelee. Es sah komisch aus, schmeckte aber sehr angenehm. Aria ging weg, um den Smoothie zuzubereiten.

Nachdem Maggie eine Tasse von dieser geleeartigen Substanz zu sich genommen hatte, die wie eine außerirdische Frucht aussah, ging es ihr allmählich besser. Die Schwellung in ihrem Körper ging zurück, der Nebel in ihrem Gehirn lichtete sich, und eine erschreckende neue Erkenntnis stieg in ihr auf: »Ich gehöre zu den Leuten, die diese Menschen untersuchen. Oh Gott.« Maggie wurde vor Schreck ganz heiß und kalt. »Wer bin ich, und woher weiß ich das?«

Mit einer Hand hielt Aria Maggie am Kinn fest und sah ihr direkt in die Augen, während sie auf telepathischem Weg mit ihr kommunizierte.

»Wir wollen diesen Leuten hier nichts Böses tun. Wir untersuchen sie – vor allem ihr Nervensystem – und bringen sie dann wohlbehalten wieder nach Hause zurück. Der Zweck dieser Untersuchung besteht darin, die menschliche Evolution besser zu verstehen, damit wir abschätzen können, wann die Menschen aus ihrer Quarantäne auf der Erde herauskommen und ihren rechtmäßigen Platz als planetarische Wesen einnehmen können. Wir können nicht einfach Wunderheilungen an ihnen vollbringen oder ihnen das Wissen eingeben, das sie dazu brauchen – das geht nur bei einigen wenigen ausgewählten Menschen, die als Beispiel dafür dienen sollen, dass alles möglich ist.

Aber es gibt ein paar Dinge, die wir tun dürfen. Bei unseren Begegnungen mit diesen Leuten können wir ihnen zeigen und beibringen, wie man andere Menschen heilt. Sie müssen diese Fähigkeiten jedoch in ihr normales Leben integrieren und sich und ihren Mitmenschen helfen. Das Problem ist nur, dass sie später oft in panische Angst geraten, wenn sie sich an dieses Erlebnis erinnern. Sie gehen dann automatisch davon aus, dass sie entführt worden sind und dass wir grausame Experimente an ihnen verübt haben. Man hat ihnen von Kindheit an suggeriert, dass Begegnungen mit Außerirdischen gefährlich sind. Diese Angst hindert sie oft daran, die Fähigkeiten, die sie bei uns erlernt haben, anzuwenden.

Um ihnen direkt helfen zu können«, fuhr Aria fort, »müssen wir uns unter ihnen inkarnieren. Wir müssen zu Wissensbringern, Meistern der Heilung oder den inspirierenden Geistern der Tapferen auf der Erde werden und sie bei ihrer Fortbildung oder – wie ihr es nennt – bei ihrem Aufstieg begleiten. Wenn wir sie untersuchen, fällt es uns leichter, einen Lehrplan für jene hellen göttlichen Seelen zu entwerfen, die – so wie du, Maggie – freiwillig eine menschliche Inkarnation auf sich genommen haben, um anderen zu helfen.

Jedes Jahrhundert bringt andere Herausforderungen mit sich. Daher müssen die Lehren von Zeit zu Zeit angepasst werden. Die uralte Wahrheit ist in jedem Zeitalter dieselbe, sie wird nur aus einer anderen Perspektive erklärt. Wie du weißt, müssen diese freiwilligen Helfer sich bei ihrem inneren Erwachen ihren eigenen Herausforderungen stellen, die sie in persönliche Finsternis stürzen können. Leider hat alles seinen Preis.«

Ich habe also eine menschliche Existenz angetreten und mich darin verloren, und jetzt glaube ich, ein Mensch zu sein, genau wie diese Leute, dachte Maggie und wusste, dass Aria die Wahrheit gesagt hatte. Sie merkte gar nicht, dass sie auf telepathischem Weg mit ihr kommunizierte, sondern spann ihren Gedanken einfach weiter.

Die Erde ist ein wunderbarer Ort, aber Lebewesen wie uns – außerirdischen Wesen – hat sie den Verstand vergiftet. Wenn unser Geist getrübt ist, sind unsere Augen geschlossen, unsere Ohren hören nichts, und unser Herz, unsere Seele verirrt sich im weiten Meer der menschlichen Emotionen. Genau das ist uns damals nach dem Untergang von Atlantis passiert. Wir bekamen es mit der Angst zu tun, weil wir alle Kontrolle verloren hatten und zu Überlebenskünstlern auf der Erde geworden waren. Schließlich traten wir in menschliche Inkarnationen ein und wurden entweder zu Opfern, oder wir wurden wütend und fanden eigene Wege, unser Leben unter Kontrolle zu bringen, dachte Maggie, in der auf einmal viele Erinnerungen aufstiegen.

»Unser Bedürfnis nach Kontrolle erzeugt psychische Störungen, macht unser Nervensystem krank, und wir erschaffen die Finsternis in unserem Leben selbst? Oh Gott, ist das etwa der Grund, warum ihr das menschliche Nervensystem untersucht?«, fragte Maggie laut.

»Pssst.« Aria legte den Finger an den Mund und signalisierte ihr damit, dass sie sich lieber wieder schweigend auf telepathischem Weg miteinander unterhalten sollten. »Du fängst an, dich zu erinnern.« Sie lächelte Maggie an. »Du bist nicht durch dein Karma auf der Erde gefangen, sondern durch deine Überzeugungen, und diese Überzeugungen sind in dein Nervensystem einprogrammiert.« Sie hielt inne und sah Maggie direkt in die Augen. »Versuche dich zu erinnern, Maggie. Wenn du wieder aufwachst, wirst du dich an unser Gespräch erinnern. Versuche dir die Existenzen ins Gedächtnis zurückzurufen, in denen du innerlich erwacht warst und ein fünfdimensionales göttliches Bewusstsein in einem dreidimensionalen physischen menschlichen Körper besaßest.«

Maggie wachte auf und murmelte laut vor sich hin: »Meine Amnesie soll jetzt aufhören. Ich habe meine irdischen Lebenszyklen vollendet und darf wieder nach Hause zurückkehren.«

Anfänge und Enden

Durchgabe der Plejader

Jeder Anfang hat ein Ende, das ihm von vornherein vorherbestimmt ist. Jede Reise hat ein letztes Ziel. Ein Same wächst zu einer schönen Blume heran, die schließlich verwelkt und stirbt. Jedes Ende ist eine Schwelle zu einem Neuanfang. Deshalb musst du immer wieder neue Veränderungen erleben, um an diese Schwelle zu gelangen. Da du ein Mikrokosmos eines Makrokosmos bist, kannst du dieses Gesetz im Wesen der Erde und im Universum gespiegelt sehen. Das Leben in diesem Universum ist in ständigem Fluss, in ständiger Veränderung begriffen.

Manche dieser Veränderungen sind kaum wahrnehmbar, andere sind wie Blumen, die direkt vor deiner Nase blühen, so dass du sie nicht übersehen kannst. Die Erde ist eine wunderbare Lehranstalt. Schau dir das Leben um dich herum an – Pflanzen, Bäume, Tiere, Menschen und vor allem Babys: Ihre Lebenskraft (Energie) ist ständig im Fluss, sie verändern sich von Sekunde zu Sekunde.

Ohne die notwendige Transformation eines Teils in einen anderen kann es keine Veränderung geben. Über deine Einstellung zu diesem Schritt kannst du selbst entscheiden. Man kann eine solche Transformation auf emotionaler oder körperlicher Ebene als schmerzhaft empfinden, aber sie kann auch etwas Sinnvolles, Liebevolles, Freudiges und Friedliches sein, wenn man sie mit seinem rationalen Verstand begreift. Zum Beispiel wird die junge Mutter für den Geburtsschmerz mit einem neuen Leben belohnt – und oft verschwinden die Erinnerungen an diese Schmerzen, sobald sie ihr neugeborenes Baby im Arm hält.

Wenn Schmerzen, Kämpfe, Leiden oder Hindernisse einem göttlichen Zweck dienen und wenn du dir der Belohnung bewusst bist, die sie dir bringen könnten, nimmst du sie ganz anders wahr, als wenn du unangenehme Dinge erlebst, in denen du keinen Sinn erkennst, oder von Ängsten überwältigt wirst. Die Kontrolle des Geistes über die Materie zu erlangen, aufgrund der Aufzeichnungen alten Wissens ihre Erlebnisse auf geistiger Ebene zu verstehen, Selbstvertrauen zu entwickeln und keine Angst vor der unsichtbaren Welt zu haben: All das lernen Eingeweihte in den Mysterienschulen schon seit Urzeiten. Jeder Anfang mündet früher oder später in ein Ende, und daraus entsteht wieder ein neuer Anfang. Du kannst dir das wie eine Art Kreislauf vorstellen.

Doch wenn du dich bewusst auf die Transformation konzentrierst, die du durchläufst, weil Veränderungen unvermeidlich sind, wird der Kreis zu einem Dreieck – und du weißt ja inzwischen, dass das Dreieck ein Katalysator ist. Man muss nicht immer wieder die gleichen Fehler oder irdischen Inkarnationen wiederholen.

Viele dieser uralten Einweihungen sind nichts für schwache Nerven. Du musst deinen Verstand, aber auch deine Seele und deren Emotionen meistern lernen. Um das zu erreichen, ist es unerlässlich …

1. Selbstvertrauen zu besitzen
2. einen starken Glauben an dich selbst zu haben und deine Bestimmung (die Mission deiner Seele) zu leben

3. deine Gedanken unter Kontrolle zu haben und dir der Emotionen bewusst zu sein, die sie erzeugen (zum Meister deiner Meere zu werden)
4. und das ist das Allerwichtigste: Du musst ein Macher werden und das Gelernte auf physischer Ebene umsetzen.

Ich bin ein Macher

Durchgabe der Sirianer

Das alte Wissen ist nutzlos, wenn man es nicht praktiziert. Der einzige Grund, altes Wissen wiederzubeleben, besteht darin, es an andere Menschen weiterzugeben oder sie darin zu unterrichten. Wenn du ein Wahrer Lehrer sein möchtest, musst du alles, was du auf geistiger Ebene gelernt hast, praktisch anwenden. Wenn du aufsteigen möchtest, musst du das, was du gelernt hast, an andere Menschen weitergeben. Außerdem fließen diese Lektionen nicht nur in deine Praktiken, sondern automatisch auch in deine Lebensweise ein.

Wenn du in die dunkle Nacht der Seele eintauchst, kannst du dich entweder in Selbstmitleid suhlen oder die Dunkelheit willkommen heißen. Wer furchtlos in der dunklen Höhle steht, sich aber weigert, vorwärtszugehen, wird niemals das Licht des Neuanfangs finden – ganz im Gegensatz zu demjenigen, der sich weiter vorwärts wagt, obwohl es ihm schwerfällt. Du kannst Angst in Zuversicht und Selbstvertrauen verwandeln – in eine bewusste Wahrnehmung deiner Umgebung, die du vielleicht brauchen wirst, um in der äußeren Welt überleben zu können. Angst kann einen lähmen, sie kann einem aber auch zusätzliche Kraft geben. Letztlich werden deine persönlichen Vorstellungen und Überzeugungen über deinen Erfolg oder Misserfolg entscheiden.

Deine Überzeugungen

Durchgabe der Plejader

Deine persönlichen Überzeugungen entscheiden darüber, wie du den Ausgang einer bestimmten Situation erlebst. Das gilt sogar für die extremsten Situationen. Angenommen, du hast beschlossen, auf Kosten deines eigenen Lebens oder Wohlbefindens einem anderen Wesen das Leben zu retten: Wenn es deine bewusste Absicht war, das Leben dieses Wesens zu retten, dann wirst du damit auch erfolgreich gewesen sein – egal was für Konsequenzen das für dich hatte. Und nun sollst du das Wissen, das in diesem letzten Satz steckt, auf deine früheren Leben anwenden – bis hin zu der Inkarnation, in der du von Atlantis nach Ägypten umgesiedelt bist. Dabei wirst du auf viele frühere Existenzen stoßen, in denen du dein eigenes Leben geopfert oder sogar auf Aufstiegsmöglichkeiten verzichtet hast, um andere zu retten. Aber du kannst dich nicht mehr bewusst an all diese früheren Existenzen erinnern. Also gehst du davon aus, dass dabei etwas furchtbar schiefgelaufen ist – dass du versagt hast, weil du immer noch hier bist und Verletzungen aus früheren Leben mit dir herumträgst.

Du bist jedoch kein Versager, und es ist höchste Zeit, etwas an diesem negativen Selbstbild zu ändern. Du bist ein ganz unglaubliches, wertvolles Wesen: Inzwischen sind Jahrtausende vergangen, und du strebst immer noch danach, der Menschheit zu dienen. Die Menschheit mag ihre Höhen und Tiefen erleben, aber sie gedeiht nach wie vor – und zwar nicht wegen deines Versagens, sondern wegen deiner Güte.

Starke Überzeugungen erschaffen die Realität. Jetzt liegt es an euch allen, der Erde und ihren Bewohnern den nächsten Weg zu weisen. Eure Überzeugungen – in harmonischem Einklang mit euren Gefühlen und ausgeführt durch eure Handlungen – erschaffen eine neue Realität. Ihr seid viel mächtiger, als ihr denkt.

Ihr seid die Schöpfer, die Autoren eurer Realität. Eure Überzeugungen sind die Tinte, die in euren Stift fließt.

Die irdische Dimension

Durchgabe der Plejader

Viele von euch machen sich Sorgen darüber, dass der Erde eine Apokalypse bevorsteht. Prophezeiungen dieser Art – über das Aussterben der Menschheit oder den Zusammenbruch der menschlichen Zivilisation – kursieren schon seit langer Zeit, und trotzdem seid ihr immer noch da.

Die Erde ist weit davon entfernt, unterzugehen. Sie ist der dritte Planet eures Sonnensystems, und sie ist ein dreidimensionales Lebewesen und wird das auch bleiben. Doch auf ihr gedeiht Leben, das zu siebendimensionaler Energie erwachen und die irdische Schule absolvieren kann. Die Erde dient vielen verschiedenen Wesen im Universum als Bibliothek. Das war schon damals in lemurischer Zeit so, als wir sie entdeckten. Leben kommt und geht. manche Lebensformen entwickeln sich, andere sterben aus. Die Umwelt und das Wetter verändern sich, die Pole verschieben sich – und doch ist die Erde immer noch dasselbe dreidimensionale Wesen.

Und diesmal seid IHR diejenigen, die die fünfdimensionale Energie erreichen werden, und die Erde unterstützt euch dabei uneingeschränkt. Das menschliche Leben war schon immer dazu bestimmt, sich zu entwickeln und ins multiplanetare Leben einzutreten. Einige von euch glauben, dass die Erde ihre dimensionale Frequenz zusammen mit euch ändern wird; doch das ist eine irreführende Information.

Was sich zurzeit verändert, ist die Energie im Inneren der Erde, die Kristallgitterenergie. Im Erdinneren existieren verschiedene außerirdische Lebensformen, die Energien unterschiedlicher Dimensionen halten und euch helfen. Das Kristallgitter wird jetzt darauf programmiert, eure Weiterentwicklung zu fördern. Vor zweitausend Jahren haben die Essener die 4D-Energie im Kristallgitter aktiviert, um das Herz der Menschheit zu öffnen, und die 5D-Energie in Gang gesetzt, die sich ungefähr zweitausend Jahre später öffnen sollte und den Geist der Menschheit geöffnet hat. Nichts von alledem wäre möglich gewesen, wenn die Essener nicht mit den Wesen, die im Erdinneren leben, und den wohlwollenden kosmischen Wesen, die sich zu diesem spektakulären Ereignis auf Sirius A versammelten, zusammengearbeitet hätten. Seit dem Beginn ihres neuen Lebens in Ägypten haben die Seelenfamilien ihre Inkarnationen so synchronisiert, dass sie ungefähr alle zweitausend Jahre zusammentreffen, um an der kollektiven Transformation der Menschheit und ihrer kollektiven Heimkehr mitzuwirken.

Denke daran: Die Erde ist ein wertvoller Ausbildungsplatz für alle, die ein multidimensionales, planetarisches Leben erreichen möchten und in diesem wundervollen Universum auf ihren endgültigen Aufstieg hinarbeiten.

Zurzeit ist das menschliche Leben auf der Erde an einem ganz besonderen Scheideweg angelangt, der nur alle paar tausend Jahre auftaucht – an einem Punkt, wo Zeit und Licht sich biegen und wo Vergangenheit und Zukunft in der Gegenwart zusammenlaufen, so dass ihr entscheiden könnt, welchen Weg ihr einschlagen wollt. Wenn ihr 5D erreicht, werdet ihr in der Lage sein, die Realität um euch herum wahrzunehmen, was vorher unerreichbar war. Dann könnt ihr die Vergangenheit und mögliche Zukünfte sehen. Das könnte für euch zunächst beängstigend oder erschreckend sein. Vielleicht befürchtet ihr dann, von künstlichen Intelligenzprogrammen oder anderen Wesen gesteuert zu werden, dass euch Implantate eingesetzt wurden oder dass ihr früher zu der Gruppe von Außerirdischen gehört habt, die sich mit solchen Dingen auskennen. Viele von euch werden darüber vielleicht in Wut geraten und nicht über diese Erkenntnis hinauskommen.

Ihr wollt die Wahrheit sehen, aber die Wahrheit ist nicht immer schön. Dieses Universum besteht aus zwei Hauptenergien: männlich und weiblich oder – wie ihr es gerne nennt – Dunkelheit und Licht. Wir bezeichnen diese beiden Energien auch als Verstand und Seele. Sie konkurrieren schon seit Jahrmillionen um die Vorherrschaft – nur um herauszufinden, dass ihre ursprüngliche Aufgabe darin bestand, sich miteinander zu vereinen. Deshalb müsst ihr, wenn ihr die 5D-Energie wahrzunehmen beginnt, zunächst einmal die Dysfunktion und das Chaos begreifen, das ihr alle miterschaffen habt.

In der 3D-Energie befindet sich dein Verstand in einem Zustand der Amnesie – in der Illusion, dass du ein perfektes Leben erschaffen kannst, indem du dich entweder für das Licht oder für die Dunkelheit entscheidest. Diese Amnesie hält dich an einem Ort vorgetäuschten Glücks auf der Erde gefangen – in einem Zustand, in dem du vor allem Neuen oder Unsichtbaren Angst hast. Das ist eine ganz natürliche Energie, die auf der Erde herrscht – wie eine süchtig machende Droge. Die Erde schärft unsere Sinne und vernebelt unseren Geist wie ein Becher süßen Weins. Sie ist nicht böse, sondern nur verführerisch, überbeschützend und liebevoll und macht süchtig. Sie wird dich beschützen, so wie dein Ego es tun würde – bis in alle Ewigkeit. Doch diese Ewigkeit würde auf der Erde stattfinden.

Wenn du der 5D-Energie näherkommst, beginnst du deinen Verstand von der irdischen 3D-Amnesie zu entgiften. Dann musst du sehr vorsichtig mit deinen Emotionen und Gedanken umgehen und dich von dem Bedürfnis befreien, Kontrolle über den Ausgang deiner Handlungen auszuüben. Du musst dich von allen Werturteilen loslösen und eine Zeit lang zum Beobachter werden.

Deine letzte Inkarnation

Durchgabe der Plejader

Möchtest du, dass dein jetziges Leben deine letzte Inkarnation auf dieser Erde ist? Wenn ja, dann hast du jetzt eine sehr gute Chance, dieses Ziel zu erreichen. Das, was du gelernt hast, wird dir für immer erhalten bleiben. Doch das, was du in deinem Leben in physischer Hinsicht angesammelt oder von deinen Vorfahren ererbt hast, wird zurückbleiben, damit andere Menschen es genießen können.

Auf deiner neuen Reise brauchst du keine physischen Reichtümer oder supermagischen Objekte, da diese Reise dich über die irdische Dimension hinausführt. Das Einzige, was du dazu brauchst, ist eine geheilte Seele.

Dein jetziges Leben wird NUR DANN deine letzte Inkarnation sein, wenn du es schaffst, deine Seele zu heilen. Dafür brauchst du uraltes Wissen. Und um uraltes Wissen besitzen und in dir bewahren zu können, musst du es in selbstlosem Dienst mit anderen Menschen teilen.

All das mag dir wie ein endloser Kreislauf erscheinen, aber es ist durchaus machbar. Eine Mutter mit einem gütigen, liebevollen Herzen braucht nie außer Haus zu arbeiten, wenn sie die Weisheit und Liebe und das Mitgefühl ihrer eigenen Mutter an alle Menschen weitergibt, die in ihr Leben treten. So führt sie ein Leben im Dienst an der Menschheit.

Wenn jemand dein Herz berührt, steigt eine Fülle an Gefühlen in dir auf, und ein brillanter Verstand in Verbindung mit einem liebevollen Herzen ist genau das, was diese Welt braucht. Indem diese Mutter ihr Leben in einer Haltung der Akzeptanz und Vergebung führt und sich und anderen Menschen bedingungslose Liebe schenkt, heilt sie ihre Seele – und wenn ihre Zeit kommt, hat sie die Möglichkeit, sich von einer wunderschönen Erde zu verabschieden. Genauso öffnen dein eigenes selbstloses Handeln und dein Glaube an dich selbst dir das Tor zu einem neuen Anfang.

Dieser Aufstieg vollzieht sich zuerst auf spiritueller Ebene. Das bedeutet, dass du deine Gedanken, Emotionen und Handlungen – frühere und jetzige – verstehen musst. Du bist nicht durch dein Karma oder durch kollektive karmische Schuld in dieser Welt gefangen, sondern durch deine Überzeugungen, die von Jahrhundert zu Jahrhundert variieren – je nachdem, wie du durch deine Familie und Gesellschaft oder deine spirituellen Überzeugungen konditioniert worden bist. Sobald dir das klar wird, besteht deine Aufgabe darin, die Muster deines Lebens zu verändern und dann zu einem lebendigen Vorbild für deine Freunde zu werden.

Du kannst Tausende schöner Worte sprechen und ihnen viele Gleichnisse erzählen. Doch wenn sie nicht untrennbar mit deinem täglichen Leben verwoben sind, werden sie nur leere Worte bleiben. Du musst also auch nach deinen Worten handeln und deinen Mitmenschen ein praktisches Beispiel dafür geben, dass das tatsächlich funktioniert. Du brauchst nicht perfekt zu sein, aber es ist unmöglich, etwas zu lehren und zu sagen, dass es bei anderen Leuten funktioniert und Tausenden von Menschen hilft – nur dir nicht.

Das ist kein guter Ratschlag, und wenn du ihn weitergibst, manifestierst du dadurch negative Energie, mit der du dir selbst Hindernisse in den Weg legst.

Dich selbst verstehen zu wollen ist so, als würdest du auf deinem Weg rückwärts gehen. Versuche dich daran zu erinnern, wer du bist. Entfache das Feuer in deinem Inneren neu. Kannst du die Punkte deiner früheren Leben miteinander verbinden? Kannst du all die Dramen verstehen, an denen du in deinen irdischen Existenzen mitgewirkt hast? Kannst du zurückgehen und den Zorn, die Frustration und den Schmerz überwinden, die andere Menschen dir zugefügt haben? Kannst du dir selbst verzeihen, dass du nicht perfekt warst und anderen vielleicht sogar das gleiche Leid verursacht hast wie sie dir?

Kannst du die starken Emotionen, die sich auf deinen Reisen durch verschiedene Zeitalter angesammelt haben, noch einmal durchlaufen und wertfrei erkennen, wie großartig du deine Sache gemacht hast? Siehst du, wie viele Leben du gerettet, wie vielen Menschen du geholfen hast – und zwar öfter mit deiner uralten Weisheit als mit einem silbernen Schwert? Dein Credo besteht darin, um jeden Preis Leben zu retten und zu beschützen. Du opferst dich, deinen Verstand und deine Seele für diejenigen, die deine Hilfe brauchen. Und dafür verlangst du kein saftiges Honorar, sondern bittest sie nur darum, deine Hilfe an andere Menschen in Not weiterzugeben.

Du hast diese Kette guter Taten in Gang gesetzt – einen positiven Kreislauf, der immer weitergeht. *Warum kann ich nicht in den Genuss dieser Gnade, dieses wunderbaren Ichs kommen*?, fragst du dich. Und wir antworten dir wahrheitsgemäß: Schau dir deine intensiven Emotionen an! Sie sind das schwere Eisentor, das dich von deinem wahren Ich trennt.

Wacht auf, Kinder des Lichts! Es wird Zeit, euch an die Herrlichkeit und Gnade eures ganzen Wesens zu erinnern. Tief in eurem Inneren liegen die Erinnerungen an vergessene frühere Leben verborgen. Es ist alles in eurer DNA dokumentiert. Trinkt das im Heiligen Gral verborgene Regenbogen-Ambrosia aus dem Kelch. Nehmt einen tiefen Schluck davon, um euch von eurer Amnesie zu heilen – von dem Glauben, dass ihr einfach nur menschliche Wesen seid, die aus dem Schoß der Erde gekommen sind. Die Erde ist eure Mutter, und das Universum ist euer kosmischer Vater. Eine Mutter behütet ihr Kind vor lauter Liebe manchmal zu stark vor der Außenwelt.

Es ist schwer, loszulassen, und tief in eurem Inneren wisst ihr das auch. Es gehört viel Mut dazu, loszulassen und einfach darauf zu vertrauen, dass schon alles gut werden wird.

Für die Menschheit bricht jetzt ein neuer Anfang an. Es ist Zeit für eine Wachablösung, damit diejenigen, die bereit dafür sind, nach Hause zurückkehren können.

Ein Glaubenssprung

Maggies Geschichte

»Vielleicht solltest du ein bisschen mehr Reklame für dich machen«, schlug Frankie in vergnügtem Ton vor.

Maggie und Frankie waren bereits seit der Highschool befreundet. Obwohl Frankie schon zwei Kinder hatte, als Maggie ihre Karriere aufbaute, waren sie stets füreinander da gewesen – in guten wie in schlechten Zeiten.

»Aber ich tue doch schon, was ich kann. Ich schalte Anzeigen in den Zeitungen, ab und zu auch mit Gutscheinen. Und ich habe sogar eine kostenlose Leihbibliothek hier eingerichtet.« Maggie wies auf das Bücherregal, das in einer Ecke ihres gemütlichen Coffeeshops stand.

»Jaja«, murmelte Frankie, »aber vielleicht solltest du auch noch ein paar von diesen erotischen Liebesromanen dazustellen. Dann würde ich den ganzen Tag hier sitzen und lesen, und du könntest inzwischen bei mir zu Hause babysitten.«

»Träum weiter, Frankie«, lachte Maggie. »Viele Bücher in meinem Regal enthalten unbezahlbare spirituelle Ratschläge. Die Leute können hier in Ruhe ihren Kaffee trinken, ein paar Seiten lesen und zufrieden wieder nach Hause gehen – mit Koffein im Blut und einem Samen der Weisheit in ihrem Geist; und wenn dieser Same keimt, wird er ihr Leben verändern«, sagte Maggie stolz.

Maggie legte großen Wert auf die Auswahl ihrer Bücher. Manche Kunden »liehen« sich ohne ihre Erlaubnis Bücher aus, die sie dann nie wieder zurückbrachten. Doch dafür bekam sie von anderen Kunden wiederum Bücher für ihre Leihbibliothek geschenkt, so dass – wie Maggie es ausdrückte – ein kosmisches Gleichgewicht herrschte.

»Ja, du hast Recht. Ich kann immer noch nicht glauben, dass ich den ganzen Nachmittag hier gesessen und *Shift* von Wayne Dyer gelesen habe. Diese Geschichte hat mir eine völlig neue Sichtweise auf das Leben vermittelt. Weißt du, ich denke, du musst unbedingt mehr Leute für deinen Kaffee begeistern. Er ist so gut, und du bereitest ihn aus deiner eigenen Bohnenmischung zu, die du nicht einmal mir verraten willst. Du bist hier in unserer Gegend die reinste Koffein-Dealerin geworden. Ich finde, du solltest deine Bohnen in Tüten verpacken und pfundweise verkaufen.«

»Frankie!«, rief Maggie empört. »Ich, eine Koffein-Dealerin? Wenn ich meine Bohnen verkaufen würde, meinst du im Ernst, dass dann immer noch Leute bei mir vorbeikämen?«, fragte sie besorgt.

»Natürlich, du Dummchen!« Frankie deutete scherzhaft auf sich selbst. »Die Leute lieben ja nicht nur deinen Kaffee, sondern auch deine Gastfreundschaft. Alle lieben dich, Maggie – vor allem deine Mitarbeiter. Und jetzt zögere nicht länger. Lass uns ein Label kreieren und deine Kaffeebohnen bei Amazon und eBay verkaufen!«

Frankie warf Maggie einen funkelnden Blick zu und legte eine kleine Kunstpause ein, bevor sie fortfuhr: »In der Verpackung sollte sich deine Persönlichkeit und die Atmosphäre deines Coffeeshops widerspiegeln. Du weißt ja, dass ich Kunsthandwerkskurse belegt habe und dass es mich in den Fingern juckt, endlich mal etwas Besonderes zu machen und nicht immer nur mit meinen Kindern herumzubasteln. Bitte, bitte lass mich«, flehte Frankie. »Dann brauchst du die Tüten nur noch mit deinen Bohnen zu füllen und die Leute nach dem besten Kaffee der Welt süchtig zu machen.«

»Jetzt übertreibst du aber, Frankie.«

»Nö. Frag doch George. George?«

»Ich höre euch zu, meine Damen«, meldete sich George von seinem Tisch aus zu Wort, »und ich muss Frankie Recht geben. Dein Kaffee hat wirklich etwas Magisches an sich – der würde wahrscheinlich sogar Tote aufwecken«, lächelte er und zwinkerte ihnen zu.

»Ich weiß nicht so recht.« Maggie schaute sich in ihrem Laden um. Sie liebte ihren Coffeeshop, kam aber jeden Monat nur mit knapper Not über die Runden. Sie hatte beim besten Willen kein Geld für ein Projekt übrig, das womöglich zum Scheitern verurteilt war.

»Warum schaust du so besorgt drein?«, fragte Frankie.

»Und was ist, wenn das den Leuten nicht gefällt? Weißt du eigentlich, wie viele Coffeeshops es gibt? Ich könnte nicht einmal beim Preis mit ihnen konkurrieren. Ich kann meine Bohnen nicht en gros kaufen.«

»Stopp, Maggie«, rief George zu ihr herüber. »Du musst aufhören, dich als Versagerin zu betrachten, und anfangen, dich als erfolgreiche, wohlhabende Geschäftsinhaberin zu sehen. Du musst an dich glauben, junge Dame. Liest du denn das, was in deinen Büchern steht, nicht?«

»Wenn du jünger wärst, würde ich meinen Mann im Stich lassen und mit dir durchbrennen, George.« Frankie war auf einmal ganz ernst. »Ich werde deine Kaffeetüten entwerfen, Maggie, und sie mit so wunderschönen herrlichen Dekorationen verzieren, dass die Leute sie am liebsten in ihrer Küche aufstellen möchten, statt sie im Schrank zu verstecken.«

»Aber du weißt doch, dass ich dich dafür nicht bezahlen kann, Frankie.« Maggie wirkte ein wenig beschämt.

»Ich will ja auch gar kein Geld von dir. Wenn du ab und zu mal zum Babysitten zu mir kommst, wäre ich dir natürlich sehr dankbar. Aber Geld brauchst du mir keins zu geben. Du warst immer für mich da; jetzt wird es höchste Zeit, dass ich mich einmal dafür revanchiere.«

»Danke«, murmelte Maggie.

George erhob sich langsam. Er war schon fast achtzig, und seine Knie machten ihm zu schaffen.

»Ich möchte meinen Kaffee bezahlen«, sagte er und schob Maggie seine Kreditkarte hin.

»Kreditkarte?«, wunderte Maggie sich. »Aber ich weiß doch, dass du immer gerne bar zahlst – wenn du kein Geld dabei hast, kannst du deinen Kaffee auch morgen bezahlen.«

»Oh nein, lass uns diese Karte benutzen«, beharrte er, und als Maggie ihm die Quittung zum Unterzeichnen gab, schrieb er ein Trinkgeld von dreitausend Dollar darauf.

»Danke für alles, was du für uns tust, Maggie.« Er reichte ihr die Quittung und wandte sich zum Gehen.

Maggie lächelte und dachte, wie glücklich sie sich schätzen durfte, einen so treuen Kunden zu haben.

Doch als er schon beinahe an der Tür war, warf sie einen Blick auf die Quittung und erstarrte.

»George?«, sagte sie langsam. »Ich glaube, dir ist da ein Fehler unterlaufen. Darf ich das für dich korrigieren?«

»Nein, das war kein Fehler, Maggie – das ist eine Spende für deinen erfolgreichen Neuanfang. Damals, als meine Frau starb, war ich völlig am Boden zerstört. Ich dachte, ich könnte nie wieder glücklich sein. Meine Frau hat Kaffee geliebt. Sie wäre von diesem Coffeeshop begeistert gewesen.

Als ich den Laden hier entdeckte, hast du mit deiner Freundlichkeit mein Herz berührt. Du kümmerst dich um alle Leute, die hereinkommen, persönlich. Deine Bücherecke hat mich mit Hoffnung für eine neue Generation erfüllt, und deine Kaffeemischung ist einfach ganz ausgezeichnet.

Mir ist es im Leben immer gut gegangen, Maggie. Ich kann nichts von meinem Geld mitnehmen, wenn ich sterbe, und einem anderen Menschen könnte es sehr helfen. Also nimm meine kleine Spende ruhig an.«

»Ich werde es dir zurückzahlen«, versprach Maggie.

»Nein, das möchte ich wirklich nicht. Aber ich bitte dich, es eines Tages an jemand anderen weiterzugeben, wenn du Erfolg hast und einem Menschen begegnest, der in Schwierigkeiten steckt.« Dann öffnete er die Tür. »Ich wünsche euch noch einen schönen Tag, meine Damen.«

Maggie umrundete den Tresen und nahm George mit tränenüberströmtem Gesicht in die Arme.

»Danke, George, danke.«

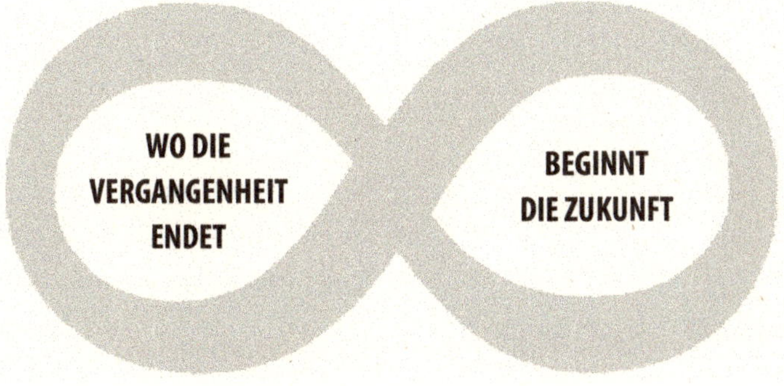

4

Bäume

Manifestation

Maggies Traum

Maggie befand sich wieder in der Stadt, in der sie aufgewachsen war, und doch sah alles ein klein wenig anders aus, als sie es in Erinnerung hatte.

Das muss wohl wieder ein luzider Traum sein, dachte sie und ließ sich ganz bewusst auf dieses Erlebnis ein.

Eine Menschenmenge betrat ein Gebäude in der Hauptstraße. Intuitiv wusste Maggie, dass das ein Gebetshaus war, und sie fragte sich, was die vielen Menschen dort wohl zu suchen hatten. *Zu wem oder was beten diese Leute? Warum tun sie das, und was bekommen sie dort?* Irgendwie war Maggie bewusst, dass man für diese Dienste bezahlen musste.

Neugierig betrat sie das Haus. Aus irgendeinem Grund schienen alle Bewohner der Stadt da hineinzugehen. *Was ist denn daran so besonders?*, fragte sie sich.

Ich will nur einen kurzen Blick hineinwerfen. Und ich werde mich nicht in die Schafherde dieser Leute einreihen, beruhigte sie sich in Gedanken.

Drinnen sah es aus wie bei einem Volksfest. In mehreren Bereichen waren Stände aufgebaut. Sobald man das Gebäude betreten hatte, konnte man sich nur noch in eine Richtung bewegen. Plötzlich waren Leute vor ihr und hinter ihr.

Maggie fühlte sich eingekeilt.

»Entschuldigen Sie«, sagte sie laut in der Hoffnung, die Menschen um sich herum auf sich aufmerksam zu machen, ohne schreien zu müssen. »Ich möchte nur zurück zum Eingang und wieder hinausgehen.« Als niemand reagierte, setzte sie entschuldigend hinzu: »Ich wollte nur sehen, wie es hier drin aussieht.« Einige Leute blickten sie schweigend an, andere kümmerten sich gar nicht um sie.

Maggie spürte, wie sie von den vielen Menschen zum ersten Stand gedrängt wurde. »Tut mir leid, ich würde gerne wieder zurückgehen. Ich war nur …«

»Neugierig?«, fragte eine Frau hinter ihr.

»Ja.« Maggie drehte sich nach ihr um. »Ich will einfach nur zurück. Das hier ist nichts für mich. Aber diese Leute hinter mir bewegen sich nicht und machen mir auch keinen Platz, so dass ich nicht hinauskann.«

»Woher wissen Sie denn, dass das hier nichts für Sie ist? Sie haben es doch noch gar nicht versucht?«

Maggie fuhr mit der Hand in ihre Jeanstasche. »Ich *kann* es auch nicht versuchen, denn ich habe kein Geld dabei. Ich bin nicht arm, bestimmt nicht. Ich habe schon Geld, aber nicht bei mir. Ich habe gerade nur ein paar Cents in der Tasche. Das ist mir echt peinlich. Ich muss gehen.«

»Sie werden schon sehen, wie das hier läuft«, entgegnete die Frau lächelnd und mit leiser Stimme. »Es gibt drei Stände. Am ersten Stand äußern Sie Ihren Wunsch, eine Absicht oder – wie wir es nennen – ein Gebet für etwas, das Sie gerne empfangen möchten. Am zweiten Stand schreiben Sie diesen Wunsch auf und legen ihn in den Korb. Und wenn Sie am dritten Stand angelangt sind, werden Sie schon wissen, was Sie zu tun haben. Aber nun müssen Sie weitergehen«, sagte sie freundlich, »und ich darf von jetzt an auch nicht mehr mit Ihnen reden.«

Maggie war frustriert, hatte aber keine Angst. *Wenn ich doch nur ein bisschen Geld dabei hätte*, dachte sie. *Jetzt sieht es so aus, als wollte ich diese Leute ausnutzen. Was sollen sie von mir denken? Und was werden sie tun, wenn sie merken, dass ich sie nicht bezahlen kann?* In diesem Augenblick dachte Maggie nicht daran, dass sie ja auch per Kreditkarte bezahlen, einen Scheck ausschreiben oder um eine Rechnung bitten könnte, um später zu zahlen, wie wir es in unserem normalen Erdenleben oft tun.

In dieser Stadt passiert alles »jetzt gleich«. Sogar eine Rechnung muss man sofort bezahlen – ohne Ausrede. Maggie wusste das, hatte aber keine Ahnung, warum. Sie wusste es einfach.

Die Frau schob sie zu einem Gebetsstand. Mit einem Schulterzucken und einem Seufzer legte Maggie die Hände auf ihr Herz, schloss die Augen und äußerte in Gedanken ihren Wunsch. *Ich will es wenigstens versuchen.*

Dann wurde sie zum nächsten Stand weitergeschoben, um ihren Wunsch aufzuschreiben.

Als sie fertig war, schaute sie sich nach dem dritten Stand um, konnte ihn aber nirgends entdecken.

In diesem Augenblick schob die Menge sie durch die Hintertür hinaus auf eine Art Gartenweg, der in einen Wald hineinführte. Alle Menschen wanderten schweigend und friedlich diesen Weg entlang. »Wo gehen die denn hin?«, sprach Maggie laut vor sich hin. Offensichtlich gab es nur eine einzige Richtung; niemand ging zurück. Genau wie bei dem Gebetshaus gab es nur einen Weg, eine Masse von Menschen, die sich alle in dieselbe Richtung bewegten – und anscheinend war sie die Einzige, die sich darüber Gedanken machte.

»Ist ja schön, dass man hier auch ein bisschen Bewegung bekommt«, sagte sie scherzhaft zu der Frau, die sie in dem Gebäude getroffen hatte.

Doch die Frau zog nur die Braue hoch, ohne ein Wort zu sagen. Das sollte wohl heißen: *Wovon reden Sie eigentlich?* Auch ein paar andere Leute warfen ihr seltsame Blicke zu.

»Sie wissen schon: Es ist wie bei einer bezahlten Mitgliedschaft. Hier betet man und macht dann einen flotten Spaziergang durch die Natur. Man betet und treibt Sport.«

Diesmal schenkte sie den Leuten ihr charmantestes Lächeln, um sie für sich einzunehmen.

Doch sie warfen ihr nur noch seltsamere Blicke zu und gingen dann weiter. Maggie hatte das Gefühl, sie womöglich verärgert zu haben. Da deutete die Frau auf die Bäume, als wolle sie sie darauf aufmerksam machen.

Ah, Bäume!, dachte Maggie. *Die sind aber schön.* Sie liebte die Natur, und ihr wurde klar, wie sehr sie es vermisste, im Wald zu sein. Das Vogelgezwitscher, der Duft des Waldes, die ungestörte Ruhe … *Diese Leute hier haben wirklich Glück*, dachte Maggie, und von diesem Augenblick an war sie zutiefst dankbar dafür, dass sie gemeinsam mit ihnen ins Unbekannte wandern durfte. Sie spürte friedliche, wohltuende warme Schwingungen in ihrem ganzen Körper und vertraute darauf, dass die nächste Station auf ihrem Weg – wie auch immer sie aussehen mochte – ihr ganz einfach etwas Gutes bringen würde.

Der Waldspaziergang gefiel ihr. Sie fand sogar die Gesellschaft dieser schweigend wandernden Menschen um sich herum angenehm. In diesem Augenblick ließ sie all ihre Sorgen los und hatte das Gefühl, zu allem fähig zu sein.

Dann sah sie das Haus auf dem Hügel und die Menschen, die sich davor versammelten. Die Realität ihrer Situation kam ihr wieder in den Sinn, und sie fuhr mit der Hand in ihre Jeanstasche. *Wenn ich doch bloß ein bisschen Geld mitgenommen hätte, wäre mir jetzt viel wohler zumute.*

Maggie warf einen Blick auf ihr linkes Handgelenk und stellte fest, dass sie ihr Rosenquarzarmband trug. Sie ließ ihre Finger über die rosa Perlen gleiten. Dieses Armband erfüllte sie immer mit einem Gefühl der Liebe.

Sie erinnerte sich an die Notiz auf dem Zettel, der damals mitgeliefert worden war: Der Rosenquarz ist ein Gefäß bedingungsloser Liebe. Seine sanfte Energie führt dich zu fairem Geben und Empfangen selbstloser Liebe.

Soll ich ihnen dieses Armband als Bezahlung geben? Nein, das geht nicht. Es hat eine zu große Bedeutung für mich, dachte sie. Ihre Mutter hatte es ihr geschenkt, und sie hatte das Gefühl, diesen kleinen Schatz auf gar keinen Fall hergeben zu dürfen. Sie warf einen Blick über die Schulter zurück zu der Frau, mit der sie vorher gesprochen hatte. Diesmal respektierte sie den Schweigekodex und lächelte ihr nur höflich zu.

Sie holte tief Luft und begann das letzte Stück des Hügels hinaufzusteigen, der zu dem prächtigen Haus mit den riesigen futuristischen Glasfenstern führte.

Plötzlich spürte sie die Frau hinter sich.

»Nicht umdrehen. Weitergehen und einfach zuhören«, forderte die Frau sie leise auf.

Maggie gehorchte.

»Ich weiß, dass Sie ein paar Münzen in der Hosentasche haben«, flüsterte sie ihr kaum hörbar zu. »Sie spüren das Geld und wissen ganz genau, dass es dort ist. Atmen Sie tief ein und spüren Sie diese Münzen auf physischer Ebene. Und nun legen Sie die Hand auf Ihre Tasche.«

Maggie tat es.

»Lassen Sie Ihren Geist ganz leer werden und konzentrieren Sie sich auf die Geschwindigkeit des Lichts in Ihrem Herzen. Ihr Same ist wie die Samen dieser Bäume. Atmen Sie einfach die Essenz dieser Bäume ein und aus, bis Sie eins mit ihnen sind. Wissen und spüren Sie in allen Zellen Ihres Körpers, dass auch ein Zwanzig-Euro-Schein in Ihrer Tasche liegt. Nichts ist unmöglich, wenn man wirklich daran glaubt.«

Verwirrt ließ Maggie die Hand auf ihrer Hosentasche ruhen. Konnte sie tatsächlich etwas manifestieren, indem sie einfach nur daran glaubte und daran dachte?

Konnte das sein? Konnte sie tatsächlich einen Zwanzig-Euro-Schein in ihrer Tasche erscheinen lassen?

Sie schaute sich noch einmal um und betrachtete die herrlichen Bäume, die schon seit Jahrhunderten, vielleicht sogar Jahrtausenden dort standen. Der Duft des Waldes, vor allem der Kiefern, weckte längst vergessene Erinnerungen in ihr.

Warum soll ich nicht daran glauben. Was habe ich schon zu verlieren?, dachte sie und befolgte den Rat der Frau. Sie legte die Hand auf die Tasche ihrer Jeans, und in diesem Augenblick glaubte sie fest daran, einen Zwanzig-Euro-Schein darin zu haben. Gleichzeitig spürte sie Vibrationen in ihrem ganzen Körper. All ihre Zellen summten wie Bienenstöcke.

Als sie sich von ihrem analytischen Verstand löste und visualisierte, dass der Same eines Baums in ihrem Herzen lag, hatte sie das Gefühl, sich in eine Birke zu verwandeln. Die Birke verschmolz mit den Bäumen um sie herum.

Das war ein unglaubliches Gefühl. Ein paar Sekunden lang stand die Zeit still. All der Stress und die Angst, die Maggie vorher gespürt hatte, waren verschwunden. Da war nur noch der Wald, und sie war auf seelischer und zellulärer Ebene eins mit ihm. Es war ein wunderbares Gefühl, mit der Natur eins zu sein. Sie war so alt wie der allererste Baum auf der Erde. Sie spürte die Wurzeln der Bäume, die sich einander entgegenstreckten, so wie ein Freund einem anderen in der Not die Hand reicht. In einer Sekunde war sie ein junger Sämling im fruchtbaren Boden der Erde, im nächsten ein mehrere hundert Jahre alter, vom Gewicht seiner Äste gebeugter Baum. Sie war alles, was existierte, und in diesem Bruchteil einer Sekunde begriff sie die gesamte Evolution der Erde.

Da stupste sie wieder jemand an, und sie sah, dass sie vor der Glastür eines futuristisch wirkenden Hauses stand. Die Frau, die neben ihr herging, öffnete eine Tür und forderte sie mit einer Handbewegung auf, hineinzugehen.

»Gehen Sie denn nicht mit?«, fragte Maggie erstaunt.

Die Frau lächelte nur und schüttelte stumm den Kopf. Sie winkte ihr zu und drängte sie, weiterzugehen. Dann schloss sich die Tür hinter Maggie, und sie fand sich in einem langen Korridor wieder, an dessen Ende sie drei Eingänge sah.

Vor den ersten beiden Eingängen standen die Leute Schlange. Sie warf einen Blick über die Schulter zu der Glastür, die sie gerade durchschritten hatte, und freute sich, als sie sah, wie die Frau, die sie kennengelernt hatte, und die anderen sie offensichtlich anspornten und ihr mit den Händen Zeichen machten: *Nicht diese Tür – die nächste – weitergehen!*

Neugierig griff sie in ihre Hosentasche und fand dort tatsächlich einen knisternden Zwanzig-Euro-Schein. Sie versuchte den Schrecken zu verbergen, der sich auf ihrem Gesicht abzeichnete, und rieb den Schein zwischen ihren Fingern, um zu sehen, ob er echt war. *Habe ich den wirklich dort hineingelegt? Kann das sein?*, überlegte sie und warf über die Schulter einen fragenden Blick zu den Leuten, die draußen standen. Sie feuerten sie immer noch an, weiterzugehen.

Was für ein seltsamer Ort! Erst wollten sie nicht mit mir reden, und jetzt jubeln sie mir plötzlich zu?, dachte Maggie verwirrt. Sie ging an den Menschenschlangen vorbei bis zur letzten Tür, vor der niemand wartete.

Auf dem Schild an der Tür stand »Der Rat«. Sie holte tief Luft, klopfte an – und erwachte in ihrem Bett.

Same des Lichts

Durchgabe der Plejader

DU bist ein göttliches Wesen, das durch verschiedene Sternensysteme in diesem Universum reist. Jedes Mal, wenn du dir vornimmst, ein Leben auf einem anderen Planeten zu erfahren – egal ob es sich dabei um einen Planeten des Lichts oder der Dunkelheit handelt –, inkarnierst du dich dort. Dein Same des Lichts findet ein Umfeld, in dem er umhegt und genährt wird, und fängt an zu keimen. Dieser Same wächst jetzt (symbolisch gesprochen) zu einem Baum – dem Baum deines Lebens – heran, lernt sich an seine Umgebung anzupassen und zu überleben. Während dieser Inkarnation durchläufst du viele Lektionen – manche leicht, andere schwieriger. Vielleicht erlebst du auch Machtkämpfe zwischen deiner Seele und deinem Verstand, und deine Aufgabe besteht darin, herauszufinden, wie man diese Konflikte löst, etwas daraus lernt und aus jeder Erfahrung neue Weisheit gewinnt.

Wenn du heranreifst, solltest du dein Wissen an andere weitergeben. Jeder Baum hat die Möglichkeit, seine Samen, die vom Licht des Wissens erleuchtet sind, zu verbreiten, damit künftige Generationen etwas daraus lernen können. Dein inneres Licht hat die Fähigkeit, Licht zu erzeugen, das andere Menschen finden können. Dieses Licht kann manchmal sogar Jahrtausende lang in dem Samen verborgen bleiben, bis er die richtige Umgebung findet, um zu keimen.

Die Bäume auf der Erde sind Symbole für den *Universellen Baum des Lebens*. Du bist ein Same dieses *Universellen Baums*, ein Same des Lichts, der das Wissen des ganzen Universums auf die Erde gebracht hat. Doch durch die traumatischen Ereignisse, die du in mehreren Leben durchgemacht hast, hast du dieses Licht in deinem Inneren vergessen und strebst weiter nach Wissen außerhalb deiner selbst, statt in deinem Lebensbaum danach zu suchen. Sobald dein Same sich an sein Licht erinnert, wird er dich zu höherem spirituellen Wissen hinführen.

Jeder von euch hat die Möglichkeit, auf uraltes Wissen zuzugreifen, und wenn ihr das tut, müsst ihr den Kreislauf in Gang halten. Aus Wissen wird Weisheit geboren. Weisheit kann man aber nur finden, indem man sein Wissen aktiv praktiziert; nur davon zu träumen, nützt nichts. Du lernst, was in einem bestimmten Leben für dich gut funktioniert und was nicht. Jedes Leben ist anders. Deshalb seid ihr alle im Laufe eurer Inkarnationen schon viele verschiedene Bäume gewesen.

Wenn du an eine Straßensperre kommst, solltest du diese Sperre als Baum betrachten, der auf deinem Weg umgestürzt ist. Statt dich in Klagen und Schuldzuweisungen zu ergehen, mach einfach eine kleine Pause, ruh dich aus und ehre die Lebenskraft des Baumes, der extra für dich umgefallen ist, damit du einen Augenblick innehältst. Mach eine Bestandsaufnahme deines Lebens und stelle dir immer wieder Fragen, die dir helfen können, wichtige Antworten zu finden. Statt dich zu fragen: »Warum werden mir nicht mehr Wissen, Führung und Wunderheilungen zuteil?«, solltest du dir lieber überlegen: »Gibt es vielleicht irgendetwas, was ich nicht tue, nicht sehe oder nicht höre?« Und wenn du die Antworten auf deine Fragen dann immer noch nicht weißt, konzentriere dich auf andere Menschen, statt über deine eigenen Probleme nachzudenken. Mit einer selbstlosen guten Tat kann man vieles bewirken – und alles, was man für andere Menschen tut, kommt auf vielen unerwarteten Wegen zu einem selbst zurück.

Um auf physischem Weg etwas zu manifestieren, müssen dein Verstand und dein Herz auf der gleichen Frequenz miteinander kommunizieren; über dieses Prinzip haben wir in *Heilungscode der Plejader 2* ausführlich gesprochen. Die Magie der Manifestation zu erlernen, mag sehr aufregend klingen und scheint auf den ersten Blick vielleicht sogar die Lösung all deiner Probleme zu sein. Aber ganz so einfach ist das nicht. In der Welt der Dualität ist auch die Kunst der Manifestation dem *Gesetz der Zwei* unterworfen: Wer empfängt, der muss auch geben. Und wenn du etwas gibst, musst du dir auch erlauben, etwas zu empfangen. Was du gibst, das wirst du erhalten. So entsteht Harmonie und Gleichgewicht. Das ist ein ganz einfaches Grundprinzip, das schon seit Urzeiten gelehrt wird. Es gilt sowohl für die physische als auch für die spirituelle Manifestation.

Maggie hatte den Zwanzig-Euro-Schein, den sie dem Rat später bezahlte, nicht deshalb manifestiert, weil dieser Rat physisches Geld brauchte, sondern als Symbol für dieses Prinzip des Gebens und Nehmens. Dabei handelt es sich um einen Kreislauf, der ständig in Bewegung sein muss, damit man einen Nutzen daraus ziehen kann.

Als Maggie durch die Tür mit der Aufschrift »Der Rat« trat, erkannte sie sofort vertraute Gesichter wieder, und ihr wurde klar, dass physische Besitztümer nur ein Leben lang halten und dass das Geld, das man auf seinem Bankkonto hat, in jener Welt vollkommen bedeutungslos ist. Außerdem erkannte sie, dass es darauf ankommt, was für ein Mensch man im Grunde seines Herzens ist und dass das Wissen der Seele – auch wenn es vorübergehend blockiert ist – niemals verloren geht und unser einzig wahrer Schatz ist.

Das hatte ihr niemand gesagt. Sie hatte sich ganz von selbst daran erinnert, als sie mit der Baumbibliothek im vierten Stock des Tempels ihres Körpers in Verbindung trat. Was Maggie empfing, nachdem sie den Raum des Rates betreten hatte, war viel wertvoller als jeder physische Besitz, und es wurde ihr gegeben, damit sie dieses Geschenk mit euch allen teilen kann.

❧ Meditation »Same des Lichts«

Diese Meditation solltest du am besten draußen in der freien Natur durchführen.

1. Atme tief ein und lass beim Ausatmen die ganze Luft wieder aus deinen Lungen hinausströmen.
2. Nimm noch einen tiefen Atemzug und lass beim Ausatmen alle Sorgen und Erwartungen aus dir herausfließen.
3. Sprich laut oder in Gedanken vor dich hin: »Ich bitte darum, mit der höchstmöglichen göttlichen Energie, meinem höheren Selbst und der Frequenz bedingungsloser Liebe in Kontakt treten zu dürfen. Danke! Danke! Danke!«
4. Lege die Hände auf dein Herzchakra und übe einen leichten Druck auf dein Brustbein aus. Spüre jetzt den wundervollen Samen des Lichts in deinem Inneren. Das ist der Ort, wo deine Seele und dein Verstand mit deinem Nervensystem in Verbindung treten. Hier beginnt deine Reise.
5. Und nun stell dir vor, dass du ein Baum bist – dein Lebensbaum, irgendeine Baumart, die du gerne sein möchtest.
6. Aus deinen Füßen wachsen die Wurzeln, die dich tief in Mutter Erde verankern. Du bist sicher und gut abgestützt. In diesen Wurzeln sind die Geschichten all deiner früheren irdischen Leben enthalten.
7. Dein Körper wird zum Stamm deines Baumes, in dem dein ganzes jetziges Leben verschlüsselt ist. Das ist dein Hauptquartier, dein Navigationszentrum.
8. Deine Arme, dein Hals und dein Kopf werden zur mächtigen Krone deines Baums, die dich mit dem

Universum, mit deiner Lichtfamilie verbindet. Was für ein wunderschöner Baum du bist!

9. Atme die Energie der Erde tief ein und zähle dabei bis drei. Atme diese Energie durch deine Wurzeln in den Stamm deines Baums und in dein Herzchakra hinein. Halte den Atem dort jetzt an, zähle dabei wieder bis drei und atme dann durch die Krone deines Baums ins Universum hinein aus, wobei du wiederum ganz entspannt bis drei zählst.
10. Atme die Energie aus dem Universum durch die Krone deines Baums tief in dein Herzchakra ein und zähle dabei bis drei. Dann halte den Atem an, zähle wieder bis drei und atme durch deine Wurzeln in die Erde hinein aus, wobei du bis drei zählst …
11. Wiederhole Schritt 9 und 10 noch zwei Mal.
12. Und nun richte dein Augenmerk auf dein Herzchakra. Bleibe präsent und konzentriere dich auf deinen Atem. Lass alles los und tritt mit der Natur, mit den anderen Bäumen um dich herum in Kontakt. Werde eins mit den Bäumen, die ganz in deiner Nähe wachsen. Spüre, dass deine Herzschläge alle eins sind. Schließe die Augen und spüre die Erde unter deinen Füßen, spüre das Universum über deinem Kopf und fühle dich mit beidem gleichzeitig verbunden. Fühle das Licht in deinem Inneren, das zu deinem Herzschlag tanzt.
13. Sobald du das Gefühl hast, mit dieser Meditation fertig zu sein, nimm deinen ganzen Körper bewusst wahr und sprich allen, die dir dabei geholfen haben, deinen Dank aus: »Danke, danke, danke.«

Wenn du mit der Natur eins bist, verschmilzt du auch mit der unsichtbaren vierdimensionalen Energie, dem Geheimnis des

Fühlens. Uraltes Wissen wurde zur sicheren Aufbewahrung in der ätherischen Energie verborgen, da diese Energie für das ungeschulte Auge ein unsichtbares Feld ist. Um auf dieses Wissen zugreifen zu können, muss man von der vierdimensionalen Energie aus in dieses Feld eintreten.

Der Same des Lichts im Stamm deines Lebensbaums ist ein Tor, und bedingungslose Liebe ist der Schlüssel, mit dem du dieses streng bewachte Tor öffnen kannst.

Stell dir während der oben beschriebenen Meditation vor, dass du deinen Körper durch dein Herz verlässt und in die vierdimensionale Energie der Natur eintrittst.

Genieße diese magische Welt. Hab Freude an dieser Reise und schließe jedes Mal das Tor hinter dir, wenn du wieder in deinen Körper zurückkehrst.

Träume

Durchgabe der Lichter des Universums

In deinen Träumen können wir auf einfachere Weise mit dir kommunizieren und dich im Umgang mit der 5D-Energie unterweisen. Du kannst dir das wie eine moderne Mysterienschule vorstellen, in der deine uralten außerirdischen Vorfahren dich zur Teilnahme an dem Ausbildungsprogramm einladen, wenn du bereit dafür bist. Im tiefen Schlaf reist deine Seele in die höheren Dimensionen. In dieser Zeit können wir am einfachsten mit dir in Kontakt treten – vor allem über deine luziden Träume –, weil dein Ego dich jetzt nicht sabotiert.

Deshalb solltest du anfangen, ein Traumtagebuch zu führen. Das ist gar nicht so schwer. Du kannst dich darin üben, dich an deine Träume zu erinnern. Kehre nach dem Erwachen in die Gegenwart zurück, lege die linke Hand auf deine Blase und die rechte Hand auf deine Stirn und lass dich in Gedanken in deine Traumgeschichte zurückdriften, um dich an alles zu erinnern. Das erfordert vielleicht ein bisschen Übung, aber mit etwas Geduld und Ausdauer wird es dir allmählich immer leichter fallen, dich an deine Träume zu erinnern.

Dir wird auffallen, dass wir in deinen Träumen kaum mit dir sprechen, denn das ist gegen die Vorschriften – und du wirst feststellen, dass wir dir durch die Geschichten, die du im Traum erlebst, etwas beibringen können.

Achte deshalb auf alle Zeichen, Symbole und deren mögliche Bedeutungen. Tue einen schlechten Traum nicht einfach als unerwünschten Albtraum ab, sondern frage dich: *Was könnte ich daraus gelernt haben?*

Deine Träume sind ein sicherer Ort, an dem du verschiedene Szenarien ausprobieren kannst, ohne Schaden in deinem physischen Leben zu nehmen. Alles ist möglich, und eine falsche Entscheidung kann dich im Traum nicht das Leben kosten. Sobald du also merkst, dass du dich in einem Traum befindest, kannst du üben, eine emotional neutrale Haltung zu diesem Traumgeschehen einzunehmen. Beobachte die Traumsituation einfach, ohne Held oder Opfer sein zu müssen. Mit ein bisschen Übung kannst du dann später auch eine aktive Rolle in deinen Träumen übernehmen.

ঌ Stelle dir Fragen zu deinem Traum …

- Was für einen Beitrag kann ich selbst dazu leisten, das Leben zu führen, das ich mir in diesem Traum wünsche?
- An welchen meiner persönlichen Überzeugungen muss ich etwas ändern?
- Wie kann ich den Menschen in meinen Träumen helfen, ohne anderen Schaden zuzufügen?
- Wie kann ich meine schöpferischen Fähigkeiten einsetzen, ohne Chaos zu verursachen?

- Wenn ich in meinem Traum mein eigenes Leben oder das Leben einer ganzen Stadt oder Nation verändere, was für einen Dominoeffekt löse ich damit aus?

Träume sind eine sehr wirkungsvolle Lehrmethode in unserer Mysterienschule. Bringe das, was du in diesen Lektionen gelernt haben, in dein Wachleben ein und beobachte es genau: In welcher Form tauchen die Zeichen, Symbole oder sogar Parallelgeschichten aus deinem Traum in deinem täglichen Leben auf? Wenn du solche Parallelen erkennst, erzeugst du eine resonante Energie und wirst mit der Zeit immer mehr davon erleben.

Schreibe alle Beobachtungen in dein Tagebuch …

- Inwiefern hat sich in meinem Traum etwas widergespiegelt, was ich gerade zu lernen versuche?
- Erkenne ich, wie sich die sanfte, liebevolle Führung durch mein ganzes Alltagsleben hindurchzieht?

Je besser es dir gelingt, neutral zu bleiben und auf jedes Detail zu achten, umso bewusster wird dir, dass du nicht allein bist. Du wirst feststellen, dass das, was du in deinen Träumen meisterst, sich auch in deinem Alltagsleben positiv bemerkbar macht. Du lernst jetzt auf sanfte, behutsame Weise, die 5D-Energie aus deinen Träumen auf deinen 3D-Alltag anzuwenden. Der Zweck deines Aufenthalts in dieser Traum-Mysterienschule besteht darin, Wissen und Fähigkeiten zu erwerben, um sie an andere Menschen weiterzugeben.

Du bist ein Licht des Universums, und in dir liegt ein Same des Lichts. Dieser Same enthält das Wissen aus dem *Universellen Baum des Lebens*, und während du auf der Erde lebst, bist du ein Licht der Erde, ein Kind der Einheit, das Hoffnung für die Zukunft bringt. Große Hoffnung.

5

Interdimensionale Kommunikation

Am Flughafen

Mikaels Traum

Mikael schritt durch die langen Hallen des Flughafens. Er war ganz salopp in Schwarz gekleidet, hatte Ohrstöpsel in den Ohren, und sein großer, athletischer Körper bewegte sich ruhig und entschlossen. Er richtete den Blick seiner smaragdgrünen Augen auf die Bordkarte in seinen Händen:

Sternensystem Orion, Planet Mintaka

Irgendwie kam ihm das ganz normal vor.

Die Vorfreude auf seine Rückkehr in die Heimat ließ sein Herz schneller schlagen. Er warf einen Blick auf die Uhr und stellte fest, dass sie anders aussah als die Apple Watch, die er normalerweise trug. Das Zifferblatt schien unter seiner Haut zu liegen oder ein Teil seines Unterarms zu sein, wie ein Implantat, und statt Zahlen und Wörtern waren Symbole darauf zu sehen – Symbole, die er verstand.

Doch dann verschwamm alles vor seinen Augen, und sein im Traum hellwacher Verstand trübte sich, als jäh, wie aus dem Nichts, ein unerwartetes, unangenehm lautes Geräusch an seine Ohren drang. Mikael schlug die Augen auf und stellte fest, dass er in seinem Bett in New York lag.

Er hatte das alles nur geträumt.

»Alexa, stopp!«, rief er genervt, setzte sich in seinem Bett auf und schüttelte den Kopf: *Orion?* Er hatte das Gefühl, tatsächlich dort gewesen zu sein.

Universität für Außerirdische

Maggies Traum

Maggie träumte, dass sie wieder zur Schule ging – allerdings in einer sehr seltsamen Stadt. Sie hatte schon mehrmals geträumt, dass sie zusammen mit außerirdischen Familien in dieser Stadt lebte. Die Leute hier mochten und akzeptierten sie, aber als Mensch war man hier nicht ganz gleichberechtigt.

Das liegt an unseren zerstörerischen emotionalen Impulsen. Die sind das Problem, dachte Maggie. Oft beobachtete sie die Satelliten am Himmel. Es waren so viele. Sie sahen wie helle Sterne aus, und jeder diente einem anderen Zweck. Die Satelliten konnten sich bewegen, aneinander ausrichten und interessante Muster am Himmel bilden. Wenn Maggie gegen eines der Gesetze verstoßen würde, die in dieser Stadt galten, könnte diese Satellitentechnologie sie leicht aufspüren, das wusste sie. Sie hatte das schon einmal gesehen – die vollständige Zerstörung von Leben durch Laserwaffen, die auf Satelliten positioniert waren. *Aber wie könnten sie mich denn finden?*, fragte sie sich. *Hat man mir etwa GPS-Geräte implantiert?*

Als Maggie die ersten Male in diese Stadt gekommen war, hatten »sie« manchmal versucht, sie aus dem Weg zu räumen. Maggie wusste nicht einmal, wer »sie« waren oder warum sie es auf sie abgesehen hatten. Plötzlich wurde sie von Satelliten geortet, die ihre tödlichen Laser auf sie richteten.

Doch interessanterweise wurde ihr immer vom einen oder anderen der dort lebenden außerirdischen Wesen geholfen. Sie sahen menschenähnlich aus, und obwohl sie sie niemals schützend unter ihre Fittiche nahmen oder unterwiesen, gaben sie ihr immer gute Ratschläge.

Jetzt fand Maggie sich in ihrem Wohnheim an der Uni dieser außerirdischen Stadt wieder.

Der Ort hier ähnelt irgendwie dem Schloss aus den Harry-Potter-Filmen, dachte sie und lächelte vor sich hin.

»Hallo, Maggie!« Eine junge Frau betrat ihr Zimmer.

Woher weiß sie denn, wie ich heiße?, dachte Maggie verblüfft. *Aber irgendwie bekannt kommt sie mir schon vor.*

»Hast du deine Kurse bereits ausgesucht?«

»Nein«, antwortete Maggie, sah die junge Frau an und versuchte sich daran zu erinnern, woher sie sie kannte.

»Ich habe Folgendes auf meiner Liste«, sagte die junge Frau fröhlich. »ET-Kommunikation, ET-Wissenschaft, ET-Technologie, ET-Gesellschaft … Es gibt so viele verschiedene Kurse, aus denen man wählen kann.«

»ET-Kommunikation?« *Das gefällt mir*, dachte Maggie mit einem Gefühl gespannter Vorfreude. Vielleicht würde sie dann in dieser außerirdischen Stadt endlich akzeptiert werden. Ihr gefiel es hier – es war ein faszinierender Ort mit faszinierenden Menschen.

Bei diesem Gedanken fiel ihr ein gutaussehender Mann mit auffallend smaragdgrünen Augen ein, der ihr vorhin über den Weg gelaufen war. Sie konnte sich nicht mehr daran erinnern, wie er aussah – nur an seine Augen. *Oh, diese Augen …* Wie konnte sie die je wieder vergessen? Maggie wandte ihre Aufmerksamkeit wieder der jungen Frau zu. *Woher kenne ich sie nur?*, fragte sie sich. Dann fiel es ihr ein. »Aria?«

Maggie erwachte aus ihrem Traum. Aber diesmal war sie ganz aufgeregt. *Ich glaube, sie haben sich endlich bereit erklärt, mich zu unterweisen. Egal was es bringt – es wird schon irgendwie gutgehen*, dachte sie. Und mit einem strahlenden Lächeln stand sie auf und war bereit für den kommenden Tag.

Dein Alien-Fragment

Durchgabe der Orioner

Du trägst ein Alien-Fragment in dir, das dir helfen kann, deinen menschlichen 3D-Verstand mit dem außerirdischen 5D-Verstand zu verbinden. Dadurch erwirbst du die Fähigkeit, mit Wesen aus anderen Dimensionen zu kommunizieren. Wahrscheinlich wirst du jetzt unwillkürlich denken, dass du ein Implantat hast, so wie Mikael, oder dass es sich dabei um eine rein äußere Fähigkeit handelt, die man nur in der Schule lernen kann, so wie Maggie. In Wahrheit ist es weder das eine noch das andere – und doch ist dieses Fragment ein Teil von dir.

Mikael hat Erinnerungen an hochentwickelte außerirdische Technologien, und Maggie wird lernen, dass alles, wonach sie sucht, bereits in ihrem eigenen Inneren liegt. Dieses Alien-Fragment ist ein Teil deiner schlafenden DNA. Es aktiviert sich nicht automatisch durch dein inneres Erwachen oder durch

DNA-Aktivierung, sondern erst dann, wenn du in deinem spirituellen Wachstum eine bestimmte Frequenz erreichst.

Dieses Fragment ist *nicht* deine Seele, auch wenn es dort sicher aufbewahrt ist, und es ist auch *nicht* dein Verstand, obwohl es mit diesem Verstand in Verbindung steht und ihn wiederum mit den Wissensbewahrern und mit außerirdischen Wesen in Kontakt bringen kann. *Dein Alien-Fragment ist eine Energie, die auf einer höheren Frequenz schwingt – einer Frequenz, die auf der 5D-Ebene beginnt und die du meistern musst, um sie in deinem 3D-Körper halten zu können.* Und da jedes Ding einen Namen haben muss, wollen wir diese Energie als Alien-Fragment bezeichnen. Aber denke immer daran, dass eine Sache viele verschiedene Namen haben kann!

Du darfst dieses Alien-Fragment nicht mit der Energie des Lebensbaums verwechseln, über die die Plejader in Kapitel 4 gesprochen haben. Jedes Wesen, das auf der Erde lebt, trägt einen Samen des Lichts in sich, aber nicht jedes besitzt auch ein Alien-Fragment. Nur die Seelen, die außerirdische Inkarnationen auf verschiedenen Planeten erlebt haben, bevor sie auf die Erde kamen, verfügen über diese Energie.

Bevor du in deinem außerirdischen Körper auf der Erde ankamst, hast du auf den Plejaden eine Ausbildung in Seelenwissenschaft und Seelenheilung erhalten und im Sternensystem Orion alles über deinen Verstand und darüber gelernt, wie man ihn im Gleichgewicht hält. Diese beiden Sternensysteme wurden vom Rat des Lichts und vom Rat der Dunkelheit auf Sirius A für deine Ausbildung ausgewählt. Dort hast du gelernt, mit deinem Alien-Fragment zu arbeiten. Diese Ausbildung war für das lemurische Projekt und für die ersten Jahre in Atlantis sehr effektiv. Dann – mit dem Zustrom vieler außerirdischer Wesen auf die Erde – wurden zahlreiche Regeln und Vorschriften gelockert, aber weise Seelen bewahrten sich immer noch einen Teil dieser energetischen Ausbildung, so wie ein altes Buch, das voller Weisheit steckt. Erinnerungen an diese Ausbildung sind in deiner DNA verschlüsselt und tauchen vielleicht auch ab und zu in deinen Träumen auf.

Das Alien-Fragment kann Jahrhunderte, sogar Jahrtausende lang in dir schlummern, aber wenn es aktiv wird, weil du eine höhere Frequenz erreicht hast, wirst du das deutlich spüren. Alles unterliegt dem Gesetz von Aktion und Reaktion, und überall in deinem irdischen Leben triffst du auf Spiegel spiritueller Phänomene. Wenn dein Alien-Fragment aktiv wird, werden wahrscheinlich ein paar technische Pannen in deinem Leben passieren, mit denen dieses Fragment deine Aufmerksamkeit auf sich ziehen will. So kann es sein, dass elektrische Geräte in deiner Umgebung – Telefon, Computer, Waschmaschine, Auto und andere Gerätschaften – plötzlich nicht mehr funktionieren oder dass dort immer wieder seltsame Defekte auftreten. Achte einmal darauf, welches dieser Geräte kaputtgeht. Diese Störungen sind ein Indikator dafür, dass in deinem Körper etwas abläuft, was deine Aufmerksamkeit erfordert, damit dein Alien-Fragment richtig funktionieren kann.

Oft ist es das Nervensystem, das jetzt aufgerüstet werden muss, weil du nun bereit bist, mit deinem auf höherer Energie schwingenden Alien-Nervensystem zu arbeiten. Du kannst dir dein Nervensystem wie ein elektrisches System vorstellen, das aufgerüstet werden muss, damit es für Geräte mit höherer Spannung kompatibel ist. Das ist ein gutes Zeichen, und was du dabei erlebst, ist völlig normal.

Dein Alien-Kompass

Durchgabe der Plejader

Das Alien-Fragment hat die Aufgabe, dir als Kompass zu dienen, bevor es zur gegenseitigen Kommunikation in »Walkie

Talkie«-Manier aufgerüstet wird. Vögel und Fische haben einen inneren Kompass und ein inneres Navigationssystem, um während ihrer Wanderzüge nicht die Orientierung zu verlieren, und so etwas besitzt auch du.

Deine erste Lektion in außerirdischer Kommunikation besteht nun darin, deinem inneren Kompass zu folgen und Navigationstechniken zu erlernen. Bevor du kommunizieren lernst, musst du nämlich erst einmal das Zuhören lernen – und das will der Kompass dir beibringen.

Du kannst den Alien-Kompass in deinem vierten Chakra spüren – zum Beispiel als kaum merkliches Flattern oder sanfte Vibrationen in deinem Brustkorb. Manche Menschen spüren, wie sich diese Energie senkrecht auf und ab bewegt, oder haben dort womöglich Schmerzen. Viele halten den Kompass fälschlicherweise für ein negatives Implantat.

Wird er aktiv und beginnt sich zu bewegen, kann das anfangs ein seltsames, vielleicht sogar unangenehmes Gefühl sein. Wenn du das Flattern oder die Vibrationen spürst, achte darauf, was du in diesem Augenblick gerade gedacht oder getan hast, denn dein Alien-Kompass hat darauf reagiert. Was war das für ein Gedanke oder für eine Aktion? Versuche dich daran zu erinnern. Das Flattern ist eine Bestätigung für dich, dass du im richtigen Augenblick das Richtige tust. Es ist dein Leitsystem. Wenn du es bemerkst, solltest du bewusst darauf achten und diese innere Führung akzeptieren. Sie fungiert nicht als Warngerät, sondern nur als Kompass. Wenn du etwas Falsches tust, reagiert sie gar nicht.

Anmerkung von Eva

Einige von euch spüren dieses Alien-Fragment bereits in ihrem Inneren. Wenn es bei dir aktiv wird, fühlt sich das sehr seltsam an – manchmal sogar wie ein gesundheitliches Problem. Handle nach deinem gesunden Menschenverstand und geh sicherheitshalber besser zum Arzt, wenn du das Gefühl hast, dass mit dir etwas nicht stimmt. Dieses Fragment macht dich nicht krank. Es fühlt sich vielleicht nur ein bisschen komisch an, bis du dich daran gewöhnt hast, damit zu arbeiten. Wenn du sicher bist, dass es sich dabei nicht um ein medizinisches Problem, sondern um echte energetische Wahrnehmungen handelt, solltest du anfangen, darauf zu achten. Meiner Erfahrung nach ist dieser Kompass immer etwas Positives. Er zeigt mir bei meiner Arbeit oder bei persönlichen Vorhaben die richtige Richtung an. Ich spüre ihn oft, wenn ich eine Verbindung von Seele zu Seele aufbaue und die andere Seele für eine Heilung bereit ist.

~~~

Sobald du deinen Alien-Kompass wahrzunehmen beginnst, fängt deine bewusste Ausbildung an. Jetzt ist Geduld eine wichtige Tugend, die du brauchen wirst, um deine Emotionen und Gefühle bewusst wahrzunehmen.

Das vierte Chakra ist 4D-Energie, die dir das Tor zu einem unsichtbaren Reich der Emotionen und entsprechenden Schwingungen öffnet. Einige Wissensbewahrer wurden heimlich in ein 4D-Feld gebracht und dort sicher verwahrt.

Dein Alien-Kompass liest deine Emotionen und kommuniziert durch Schwingungen mit dir. Du musst immer auf ihn achten und seine Führung bewusst wahrnehmen. So kannst du ihn auf deine Bedürfnisse kalibrieren.

Das Ziel besteht darin, so weit zu kommen, dass du bewusst in/mit 4D-Energie kommunizierst. Sobald du deine persönliche emotionale Sprache erlernt hast, wirst du mit der Natur, den Tieren und den Elementen der Erde kommunizieren können. Sobald du deine Emotionen und das, was sie dir sagen wollen, verstehen kannst, wirst du auch das Reich der Natur, der Tiere und Elemente verstehen.
~~~

Wenn du lernst, mit deinem Alien-Kompass zu arbeiten, wird er dich zu dem außerirdischen Verstand hinführen, den du früher dein Eigen genannt hast.

4D und die drei Stadien der Zerrüttung

Durchgabe der Plejader

Wenn du die Frequenz deines Alien-Fragments erreichst, wirst du drei verschiedene Stadien durchlaufen, die du vielleicht schon ein paar Mal in deinem Leben durchgemacht hast. Sobald du diese Stadien bewusst erkennst, verstehst und unsere Vorschläge zu ihrer transformativen Heilung beherzigst, werden sie sich nicht mehr wiederholen. Das ist der Punkt, an dem wahre Magie beginnt: wenn du die Tür zu 4D öffnest und dir der Existenz deines Alien-Kompasses bewusst wirst. Schon viele sind zur Sonne des Universums gekommen, aber nur wenige hatten den Mut, durchs Feuer zu gehen.

Hier die drei Stadien und unsere Vorschläge zu ihrer Transformation und Heilung:

1. Zerrüttetes Nervensystem = durcheinandergeratene Vorstellungen vom Leben

Im Laufe deines Lebens erlebst du verschiedene Schocks, die zu einem emotionalen oder körperlichen Zusammenbruch führen können. Vielleicht verlierst du einen Job, Geld, einen geliebten Menschen, erlebst das Ende einer Freundschaft, Misshandlung, Missbrauch oder dergleichen. Das führt dazu, dass du innerlich erwachst und deine bisherigen Vorstellungen vom Leben hinterfragst.

Dieses Leid kann in dir eine tiefe Sehnsucht danach wecken, zu erfahren, wer du in Wirklichkeit bist und warum dir das alles passiert. Dann erwacht in dir das Bedürfnis nach einer Veränderung in deinem Leben.

Wenn du diese Erfahrungen machst, ist dein Herz verletzt. Vielleicht hast du das Gefühl, einen Nervenzusammenbruch zu erleiden, oder hattest womöglich sogar schon einen. Vielleicht fühlst du dich überfordert, vom Leben frustriert und wütend, empfindest dich als Opfer.

Wahrscheinlich erlebst du jetzt große Höhen und Tiefen, dein ganzes Leben fällt auseinander, und du stellst den Sinn deiner Existenz in Frage.

Wenn du anfängst, dir solche Fragen zu stellen, hast du irgendwann das Gefühl, dass dein Leben sich in eine neue Richtung entwickeln muss – und an diesem Punkt fällt dir vielleicht auf, dass dein Kompass dir Anweisungen dazu gibt. Das ist eine positive Veränderung. Jetzt kannst du lernen, die Gefühle zu erkennen, die mit der Kompassnavigation einhergehen, und dich bemühen, an dich selbst zu glauben, damit du dein eigener Heiler und Guru werden kannst, statt dich darauf zu verlassen, dass andere Menschen dir wieder auf die Beine helfen. Deine Kompassnadel schlägt nämlich immer dann aus, wenn du positive Gefühle hast, die dir helfen, innerlich weiterzukommen.

Heilungsvorschläge:

- Erkenne dein menschliches Ego.
- Transformiere dieses menschliche Ego in den universellen intelligenten Verstand (Übergang von einer niedrigen zu einer höheren Schwingungsenergie).
- Lass Herz und Verstand eins miteinander werden.
- Lebe bedingungslose Liebe.

2. Zerrütteter Körper = gestörte Beziehung zur Erde

Sobald du deine neue Richtung gefunden hast, kann es sein, dass du körperliche Probleme bekommst – zum Beispiel Nahrungsmittelallergien, leichte Schmerzen oder andere Beschwerden. Lebensbedrohliche Krankheiten treten nur selten auf, doch auch das ist möglich, wenn du im Grunde deines Wesens ein Heiler bist und die Kunst der Energieheilung noch erlernen musst. Vielleicht ist dein Kompass zu diesem Zeitpunkt sehr aktiv. Wenn du auf die Ausschläge dieser Kompassnadel achtest, kann sie dich zu einer gesunden Transformation deines Körpers hinführen, und du entwickelst eine gesunde Wertschätzung für deinen Körper und dein Leben hier auf der Erde.

Heilungsvorschläge:

- Erkenne deinen Körper als Gefäß deiner Seele und deines Egos/Verstandes.
- Ändere deine Gewohnheiten, zum Beispiel Lebensstil oder Ernährung, körperliche Aktivität und dergleichen.
- Liebe deinen Körper und entwickle einen Kristallkörper.
- Erlerne und praktiziere eine beliebige Form der energetischen Selbstheilung.

3. Gebrochenes Herz = zerstörte Beziehung zu dir selbst

Das ist der letzte, aber oft schmerzhafteste Schritt, der dein Herzchakra vollständig aktivieren und dein Alien-Fragment öffnen soll. Ihr gebt euch alle viel zu große Mühe, euch vor euren Emotionen zu schützen, denn sie tun weh, und das wollt ihr vermeiden. Deshalb werden dir jetzt vielleicht ein paar Lebensereignisse widerfahren, die sich so anfühlen, als würde dein Herz vor Traurigkeit, Frustration, vielleicht sogar Wut buchstäblich in Stücke gerissen.

Ein gebrochenes Herz – so schlimm es sich auch anfühlen mag – ist ein Tor zum Verständnis deiner tiefsten, unverfälschten emotionalen Dunkelheit, die bis in die früheste Vergangenheit zurückreicht. Diese Gefühle sind so stark, dass sie dich für den Rest deines Lebens auffressen können. Ein gebrochenes Herz gibt deinem Ego die Möglichkeit, deine Gedanken mit Hass, Wut, Eifersucht und anderen Emotionen zu erfüllen, und vielleicht hast du jetzt auch den Wunsch, dich von allem zurückzuziehen und in dein Schneckenhaus zu verkriechen. Das sind Gedanken, die auf einer niedrigen Energie schwingen und entsprechende Gefühle erzeugen, und wenn du ein Sternenkind bist, haben sie ihren Ursprung in längst vergangener Zeit. Du musst beginnen, sie anzunehmen, statt sie zu verleugnen. Du musst lernen, zu definieren und zu akzeptieren, was du gerade denkst und fühlst. Finde die andere – höher schwingende – Seite dieser Gedanken und Gefühle und bewahre sie in deinem Körper, bis sie dir zur zweiten Natur wird.

Denke daran, dass du an einem Ort lebst, wo man die Dualität in ihrer ganzen Fülle erlebt. Jedes Gefühl, jeder Gedanke, jede Handlung ist zwei Energiepolen unterworfen – einem positiven und einem negativen.

Wenn du deine eigenen Emotionen aus diesem Leben verarbeitest, wird dich vielleicht ein uraltes Gefühl der Traurigkeit überkommen, das keine konkreten, genau erkennbaren Wurzeln hat. Dieses Gefühl geht vorüber und ist für deinen Prozess absolut notwendig. In deiner Seele hat Jahrtausende lang dermaßen viel Schmerz gewohnt, und jetzt bist du endlich bereit, diesen Schmerz loszulassen.

Es kann sein, dass du bisher gut mit deinem Alien-Kompass arbeiten konntest. Aber nun hast du vielleicht plötzlich das Gefühl, dass er nicht mehr funktioniert, und ohne Hilfe deiner Geistführer fühlst du dich hier auf der Erde festgefahren und weißt nicht weiter. Während dieses Prozesses spürst du deine quälenden Emotionen und wünschst dir vielleicht, dass irgendjemand dich rettet und diese Gefühle von dir nimmt. Doch diese Arbeit kann dir niemand abnehmen, denn jetzt wirst du zum Meister deiner eigenen Energie.

Wenn dein Kompass funktionieren soll, musst du dich und deine Vergangenheit akzeptieren. Vergib dir all deine Fehltritte und bitte auch andere Menschen dafür um Verzeihung, und dann fang wieder ganz neu an, statt wegzulaufen oder dich vor deinem Herzen zu verstecken.

Das ist der richtige Weg, um geheilt zu werden und die 4D-Schwingung zu finden, die deinen Kompass vollständig aktivieren und das Tor zu den magischen Dimensionen öffnen wird – und dort wirst du lernen, dass es für jede magische Erfahrung eine logische Erklärung gibt.

☙ Heilungsvorschläge:

- Versuche die Leidensenergie bewusst wahrzunehmen und zu akzeptieren; starker Wunsch nach Veränderung; akzeptiere und lebe deine Gefühle.
- Höre auf, in der Außenwelt nach Antworten zu suchen, und wage dich in deine Dunkelheit hinein, um sie zu verstehen.
- Finde das Glück in den kleinen Dingen des Alltagslebens, lerne die Schwingung dieses Gefühls zu halten.
- Sei dankbar für das Leben, für deinen Körper und die wundervolle Unterstützung der Erde.
- Mach die Meditation »Same des Lichts«.

Dein Glück finden

Durchgabe der Plejader

Vielleicht ist dein Leben sehr ausgefüllt, und du musst deine Zeit ganz genau zwischen Familie, Arbeit und dem Dienst an anderen Menschen aufteilen. Und vielleicht wirst du auch feststellen, dass du umso weniger Zeit für dich selbst hast, je mehr du erledigst. Vielleicht hast du gelernt, zufrieden zu sein – aber weißt du noch, was es heißt, glücklich zu sein? Weißt du noch, wie man auf der Erde ein glücklicher Mensch ist? Glück ist nicht nur ein Gefühl, sondern umfasst verschiedene Schwingungen. Jetzt ist es eine etwas andere Schwingung als das Glück, das du vor deinem inneren Erwachen kanntest. Es ist eine gute Übung, die Gefühle und Schwingungen von Glück auf der Basis deines 3D-Egos, deines 4D-Herzens und deines 5D-Herzens/Verstandes zu beobachten und miteinander zu vergleichen.

Das Glück, das du in den kleinen Dingen des Alltagslebens findest, ist herzbasiertes Glück. Es ist Energie, die dein Kompass braucht, um richtig zu funktionieren. Wenn dein Alien-Kompass ausschlägt, hat das unter anderem den Sinn, dass du dich auf diese Weise tiefer mit deiner Sternenseelenfamilie im Universum und im Inneren der Erde verbinden kannst, und dann wirst du vielleicht große Sehnsucht danach haben, nach Hause zurückzukehren. Vielleicht erinnerst du dich an Gefühle, die du während deines Lebens auf den Plejaden oder in einem anderen Sternensystem hattest, und das stimmt dich sehr traurig und nostalgisch. Durch diese jenseitige Erfahrung verlierst du vielleicht das Interesse an deinem jetzigen menschlichen Leben, weil es so weit von diesen Erinnerungen entfernt ist. Dadurch bereitet dir dein jetziges Leben vielleicht noch größeres Leid, weil es keinen Knopf gibt, auf den du einfach drücken kannst, um es zu verlassen, ohne automatisch wieder dorthin zurückzukehren.

Du wirst in der Lage sein, andere Dimensionen zu erleben, und das könnte sich genauso real anfühlen wie dein jetziges Leben, aber das erlebst du NUR in deinem Verstand oder in bewusst herbeigeführten luziden Träumen oder Astralreisen. Und doch musst du es schaffen, in deinem 3D-Alltagsleben aktiv und glücklich zu sein. Du brauchst ein ausgewogenes Gleichgewicht in deinen Gedanken, Gefühlen und Handlungen. Wenn du viel Zeit auf der Astralebene verbringst, fängst du an, dich von den Erfordernissen deines Alltagslebens abzukoppeln, und dann wird es dir nicht gelingen, die Energie von dort draußen in dein irdisches Leben zu integrieren.

Glück ist dein Geburtsrecht. Glück zu finden, macht dir dein Leben auf der Erde angenehmer. Glücklichsein ist eine bewusste Entscheidung. Wenn man sich für 4D-Glück entscheidet, ist das die absolute Seligkeit.

Du bist dein eigener Führer

Durchgabe der Sirianer

Das Alien-Fragment ist ein Teil deiner eigenen, ganz besonderen Energie. Es ist keine Führung durch deine Seelengruppe oder von irgendeinem göttlichen oder himmlischen Wesen im Universum. Wenn du ein 5D-Wesen sein möchtest, musst du lernen, Verantwortung für deine Gedanken, Gefühle und Handlungen zu übernehmen und sie gleichermaßen für die Verbesserung deines eigenen Lebens wie des Lebens anderer Menschen einzusetzen. Das Alien-Fragment ist dein kleiner Helfer auf diesem Weg. Wenn du in die richtige Richtung gehst, wirst du es spüren, wenn nicht, wirst du dich auf der Erde vielleicht sehr festgefahren und gefangen fühlen. Du bist jetzt in eine höhere Schwingungsenergie eingetreten und musst diese Dynamik aufrechterhalten.

Wozu hast du dieses Fragment? Die Antwort darauf ist ganz einfach: um deinen Weg nach Hause zurückzufinden.

Dein ganz persönlicher Alien-Kompass wird jetzt in der für ungeschulte menschliche Augen unsichtbaren vierdimensionalen Energie dein Führer sein.

Wer sich auf dem Weg des Lichts befindet, wird den Weg der Dunkelheit (den Weg des Verstandes) begreifen müssen. Und wer sich auf dem Weg der Dunkelheit befindet, wird den Weg des Lichts (den Weg der Seele) verstehen müssen. Damit beginnt für dich eine ganz neue Reise.

Auf dieser Reise wirst du etwas über Einheit und Ganzheit erfahren, über dunkle und helle Energien erfährst, von denen die eine nicht ohne die andere existieren kann.

6

Hallo Dunkelheit!

Die Kämpfe deines Egos

Durchgabe der Sirianer

Wenn dein Alien-Fragment sich aktiviert und du bewusst mit deinem Alien-Kompass zu arbeiten beginnst, wird dadurch früher oder später dein menschliches Ego getriggert, und zwar aus einem ganz einfachen Grund: Jetzt beginnt dein Alien-Kompass elektrische Signale an deinen 5D-Verstand zu senden. Die Funktion dieses Kompasses besteht darin, dein Herz und deinen Verstand miteinander zu verbinden und die Kommunikationswege zwischen ihnen zu öffnen, die du selbst vor langer Zeit unterbrochen hast, um das Wissen in deinem außerirdischen Verstand so lange sicher und für Unbefugte unzugänglich aufzubewahren, bis du innerlich vollständig erwacht bist. Wenn du schon vor diesem inneren Erwachen auf deinen außerirdischen Verstand zugreifen könntest, wäre das wie das Öffnen der »Büchse der Pandora« – und dabei kämen Dinge heraus, für die ihr Menschen einfach noch nicht bereit seid.

Das Wissen, das wir dir vermitteln, und die Beispiele, die wir dir in der Geschichte von Maggie und Mikael geben, sollen dir helfen, deine Wachstumsschmerzen besser zu verstehen und zu begreifen, warum du all diese Blockaden, die dir jetzt im Weg stehen, vielleicht selbst aufgebaut hast. Angst nährt sich vom Unbekannten. Habe Mut und suche nach der Wahrheit!

Wenn die Dunkelheit über dich hereinbricht, sollst du dich nicht darin verlieren. Ganz im Gegenteil: Du wirst feststellen, dass es immer einen Grund dafür gibt. Sobald deine schon so lange bestehende Amnesie sich zu lichten beginnt, fängst du an, dich zwischen 3D-, 4D- und 5D-Energie hin und her zu bewegen. Es gelingt dir immer öfter, einen Blick hinter den Schleier zu werfen, und du siehst die Dunkelheit von ihrer schönsten Seite. Außerdem wirst du die Wahrheit aus deiner Vergangenheit erkennen, und vielleicht steigen sogar Erinnerungen an die Galaktischen Kriege in dir auf.

Die Dunkelheit ist nichts anderes als ein Ort, an dem das Licht verborgen ist. Sie ist nichts weiter als Energie, wie alles andere auch. Nur du allein entscheidest, welche Bedeutung diese Dunkelheit für dich annimmt.

In der Dunkelheit liegt auch die Macht, die du für dich selbst dort versteckt hast – kein physisches Werkzeug, sondern geistige Macht: Wissen. Diese Macht ist ein zweischneidiges Schwert, und deshalb wird sie naturgemäß streng bewacht und geschützt, bis du ihr Potenzial richtig verstehst.

Auf physischer Ebene wirst du vielleicht hin und wieder elektrische Stromstöße, Vibrationen, Zuckungen oder ein Taubheitsgefühl in deinem Körper spüren. Manchmal können diese Empfindungen ein bisschen unangenehm sein, aber sie gehen rasch wieder vorbei. Diese Symptome können auch mit seltsamen Pannen bei deinen elektronischen Geräten einhergehen. Achte einmal darauf, was da alles passiert und was du in solchen Augenblicken gerade denkst und tust, denn das ist ein Hinweis darauf, woran du auf persönlicher Ebene arbeiten musst. Du bist jetzt bereit für das nächste Upgrade deiner Energie, und das bedeutet, dass dein Nervensystem ein bisschen mehr Nahrung braucht, um dich durch diese Veränderungen hindurchzuführen.

Das ist deine Aufgabe. Denke daran: Das Nervensystem ist deine Stärke, dein Kraftwerk, das Tor zu deinen Fähigkeiten und deine Antenne zu den anderen Welten.

Auf emotionaler Ebene kann dein Ego dich in die tiefste Dunkelheit deiner Emotionen stürzen, und es wird dabei sogar noch einen Schritt weiter gehen und dich auch auf geistiger Ebene quälen. Das ist keine dunkle Nacht der Seele, und es kann sich wie ein heftiger Angriff auf deine Psyche anfühlen. Vielleicht fühlst du dich überwältigt, müde und unausgeglichen und fängst an, alle Unternehmungen, die dir helfen würden, in deinem Leben weiterzukommen, hinauszuzögern und dich selbst zu sabotieren. Wenn eine undefinierbare Dunkelheit bei dir einsetzt, fühlt sich das so an, als würdest du nie wieder einen wolkenlosen Himmel sehen. Diese Energie musst du verstehen, statt sie einfach nur beseitigen zu wollen.

Die Brücke zu deinem Verstand

Durchgabe der Plejader

Dein intelligenter außerirdischer Verstand ist zwischen deinem niedrigeren 3D-Ego und deinem höheren 5D-Verstand im menschlichen Körper gefangen. Um Zugang zu diesem außerirdischen Verstand zu erhalten, musst du dein 3D-Ego in deinen 5D-Verstand umwandeln. Denke daran: Der einzige Zweck deines Egos besteht darin, dich mit allen Mitteln zu schützen. Das ist eine schwere Aufgabe, für die es nicht gebührend gewürdigt wird. Man kann das Ego nicht auslöschen, in einen Käfig sperren oder verbannen.

Es muss verstanden werden, und dazu muss es sich zunächst einmal sicher und geborgen fühlen. Mithilfe des Prinzips *Wie oben so unten* kannst du eine sichere Brücke schaffen, die diese beiden Pole miteinander verbindet.

Wie oben so unten

Der Körper ist ein Mikrokosmos eines Makrokosmos. Alles hat sein Gegenteil – egal wie groß, klein, bedeutend oder unbedeutend es ist. Du kannst deinen außerirdischen Körper, den du früher besessen hast, als den Körper »da oben« betrachten, während dein menschlicher Körper sich »da unten« befindet. Außerirdische Körper haben ein stark entwickeltes Nervensystem, und da menschliche Körper mit der DNA von Außerirdischen erschaffen wurden, können sie das gleiche ausgeprägte Nervensystem entwickeln.

Wir wollen das Prinzip *Wie oben so unten* nun direkt auf deinen Körper anwenden. Du kannst die Energie deines Körpers in drei Bereiche unterteilen:

- die drei unteren Chakras (dein Leben auf der Erde, frühere Existenzen, Ego, 3D)
- das Herzchakra (Gegenwart, Seele, 4D)
- die drei oberen Chakras (kosmisches Leben, Zukunft, Verstand, 5D)

Im Universum deines eigenen Körpers sind die drei unteren Chakras dein »Unten«, die drei oberen Chakras sind dein

»Oben«, und das mittlere Chakra, das vierte Chakra, ist die Sonne, das Zentrum deines Universums.

Sicherlich kennst du den Begriff »Bauchgefühl«. Das ist eine Fähigkeit, die dein menschliches Ego entwickelt hat, um dich vor Gefahren zu schützen oder vor Fehlern zu bewahren. Dein Bauchgefühl, die innere Stimme oder Intuition, lässt sich zwar bis zur Perfektion verfeinern, aber es ist eine 3D-Fähigkeit – eine wirklich gute Fähigkeit, die dir beim Überleben hilft, wenn du bewusst darauf hörst. Zur Veranschaulichung wollen wir dieses Bauchgefühl als Fähigkeit bezeichnen, die sich »unten« in deinem Körper befindet. Logischerweise musst du, wenn du unten, in 3D, die Fähigkeit »Bauchgefühl« hast, oben in deinem 5D-Verstand eine entsprechende Fähigkeit besitzen, die wir als »außerirdischen Verstand« bezeichnen.

Es ist nicht ratsam, den Weg abzukürzen, 4D zu überspringen und gleich von 3D zu 5D weiterzugehen. Abkürzungen führen leider immer nur zu einer Gegenreaktion, die negative Konsequenzen hat.

Wie du bereits weißt, repräsentiert das Herzchakra in deinem Körper die 4D-Energie. In diesem Herzchakra liegen die Dimensionen der Emotionen und Schwingungen, die du meistern musst, bevor du mit den Außerirdischen kommunizieren kannst, von denen du träumst. Höre auf deinen Kompass, und er wird dir den Weg zeigen und dich zu den Antworten hinführen, die dein 5D-Walkie-Talkie aktivieren.

Du weißt inzwischen, dass diese phänomenale Reise von der 3D-Energie ausgeht und zur 4D-Energie führt. Aus kleinen Schritten werden mit der Zeit große Fortschritte.

Es ist hilfreich, eine Zeitlang in der 4D-Energie zu bleiben. Durch diesen Aufenthalt kannst du zum Meister deiner Emotionen werden, statt ihr Sklave zu sein.

Wenn du bewusst in den 4D-Bereich eintrittst, fühlt sich das vielleicht so an, als würdest du einen geschlossenen, dunklen, unheimlichen Raum betreten. Vielleicht jagt dir das sogar Angst ein. Aber mit ein bisschen Übung wirst du an der Umwandlung deiner Emotionen, Gedanken und Handlungen arbeiten können und lernen, auf jede Energie die richtige Schwingungsfrequenz anzuwenden. Niedrige Schwingungen werden in hohe umgewandelt, Traurigkeit in Glück, Angst in Mut, Hass in Liebe und so weiter.

Erforsche alle drei Teile deiner Brücke. Was für Gedanken hast du »unten«? Leisten diese Gedanken dir die bestmöglichen Dienste? Falls diese Gedanken auf einer niedrigen Frequenz schwingen – worin besteht ihr Gegenteil?

Was für Gefühle, was für Emotionen hast du im »Zentrum deines Universums«? Haben die Gedanken von »unten« Einfluss darauf, wie du dich in deinem Herzen fühlst?

Verdüstern sie deine Sonne?

Falls die Antwort Ja lautet: Wie würde es sich im »Zentrum deines Universums« anfühlen, wenn du die Schwingung des Gegenteils dieser Gedanken in deinem Herzen halten und alte Gedanken behutsam durch neue ersetzen würdest?

Als Nächstes erforschst du dein »oberes« Zentrum. Du willst herausfinden: Wie wirken sich deine Gedanken von »unten« auf die Gedanken »oben« aus?

Wenn du dich zum Beispiel in deinem ersten Chakra unsicher fühlst, spiegelt sich das in deinem siebten Chakra als Angst vor Vertrauen zu dir selbst und zu anderen Menschen wider. Dann könnte dein Herzchakra jedes Mal, wenn du dich unsicher fühlst, Gefühle wie Unglücklichsein, Hoffnungslosigkeit oder Angst erleben.

Übe dich darin, deine niedrig schwingenden Gedanken und Emotionen in höher schwingende umzuwandeln. Spüre die Schwingung dieser neuen Gedanken oder Emotionen in deinem Herzchakra und bringe deinem Körper bei, diese neue Frequenz zu halten.

Die Umwandlung deiner emotionalen Gedanken von einer niedrigeren in eine höhere Frequenz ist wie das Überqueren eines Schwebebalkens. Vergiss nicht, in der Mitte stehenzubleiben, zu beobachten und zu lernen!

Vertrauen

Durchgabe der Plejader

In Kapitel 5 haben wir davon gesprochen, die Schwingung des Glücks in deinem vierten Chakra zu halten. Nun solltest du zusätzlich auch noch die Schwingung des Vertrauens zu dir selbst in dein viertes Chakra hineinholen.

Vertrauen ist der logische Gedanke, dass du etwas kannst. Wenn du an dich selbst glaubst, vertraust du darauf, dass du ein gesetztes Ziel auch erreichen wirst. Vertrauen beruht darauf, zu wissen, was man tut.

Wenn du nie schwimmen gelernt hast, dir aber trotzdem zutraust, den Sprung ins tiefe Wasser zu wagen und einfach loszuschwimmen, wirst du feststellen, dass das ein sehr leichtsinniges Unterfangen ist, bei dem du ertrinken kannst. Wenn du stattdessen darauf vertraust, dass du schwimmen lernen kannst, und Unterricht bei einem qualifizierten Schwimmlehrer nimmst, wird dein Selbstvertrauen dadurch noch mehr wachsen, und du wirst tatsächlich schwimmen lernen.

Das ist die wahre Bedeutung von Vertrauen.

Du musst lernen, Vertrauen zu dir selbst zu haben – dann wirst du stets wissen und darauf vertrauen, dass du auf deinem Weg das Richtige tust.

7

Der grüne Stein

In den Bergen

Mikaels Traum und Mikaels Leben

Wieder befand Mikael sich in dem Gebirgsdorf. *Wie oft bin ich wohl schon hier gewesen?*, fragte er sich in seinem Traum.

Das winzige Dorf lag in den schützenden Armen von Mutter Natur, mit den Bergen als Kulisse im Westen und einem Wald ganz in der Nähe. Mikael fühlte sich in diesem Dorf sehr wohl und überaus geborgen. Ihm war, als könne er für immer hier leben, und doch wusste er, dass er sich nur zu Besuch in diesem Dorf aufhielt. Er kam jedes Mal als Besucher hierher – aber nicht wie jemand, der einen Urlaub genießt, sondern wie jemand, der geduldig auf etwas wartet – etwas, das er sich nicht zu erklären vermag.

Dieses Suchen oder Warten war ganz anders als sein Wachleben in New York, wo er als Investmentberater arbeitete und die Portfolios einiger Großkunden verwaltete. Sein Leben war stressig und hektisch. Aber er hatte sich nun einmal für diesen Beruf entschieden und musste sich selbst immer wieder daran erinnern, dass ihm diese Arbeit Freude machte.

»Was sollte ich denn in einem Gebirgsdorf anfangen?«, fragte er sich. Trotzdem mochte er die Einsamkeit und Abgeschiedenheit dieses Dorfs, den Geruch des Waldes und die sanften Vibrationen, die seinen Körper durchströmten und ihm das Gefühl gaben, sich nach etwas ganz anderem zu sehnen als nach einem Leben als Finanzexperte.

»Dieses Dorf ...«, murmelte er im Schlaf.

Ihm fiel eine Gruppe von Menschen auf, die eine Besichtigungstour durch das Dorf unternahmen. *Wäre es nicht ganz einfach, so zu sein wie diese Leute?*, dachte er.

»Entschuldigung, wissen Sie, wo die Toiletten sind?«, fragte eine Frau in langem Mantel, die auf ihn zukam.

»Gehen Sie einfach diese Straße hinunter, dann sehen Sie sie schon auf der linken Seite«, antwortete er und zeigte ihr mit dem Finger den Weg.

»Danke.« Lächelnd ging sie davon.

Sie kommt mir irgendwie bekannt vor, ging es ihm durch den Kopf.

Mikael lief weiter und wollte gerade in Richtung Naturlehrpfad abbiegen, als ihm ein am Straßenrand geparktes Auto auffiel. Auf dem Rücksitz saß ein Mädchen, ungefähr sechs Jahre alt. Das lange, dunkelblonde, an den Spitzen gewellte Haar fiel ihr sanft auf die Schultern.

Sie öffnete die Tür, und beim Blick in ihre schwarzen Augen glaubte er die ganze Galaxis zu sehen.

»Alles in Ordnung? Kann ich dir irgendwie helfen?«, fragte er die Kleine, denn ihm fiel auf, dass ihre Beine viel dünner und offenbar schwächer waren als ihr Körper und kaum aus dem Auto herauskam. *Sie ist sicher behindert*, dachte er.

»Ich heiße Immie und habe auf dich gewartet. Komm mit«, forderte sie ihn auf.

Mikael dachte gar nicht darüber nach, warum dieses kleine Mädchen allein in einem teuren Elektroauto saß oder warum sie ihn bat, mit ihr mitzugehen.

All das erschien ihm völlig normal.

Sie griff nach seiner Hand, und gemeinsam gingen sie den Weg entlang in Richtung Wald. »Mach die Augen zu«, forderte Immie ihn auf, »und jetzt öffne sie wieder.«

Plötzlich standen sie an einer plätschernden Heilquelle, in der mehrere große Felsbrocken lagen.

»Hast du uns gerade teleportiert?«, fragte Mikael und war darüber seltsamerweise weder erstaunt noch schockiert.

»Setz dich auf diesen Stein.« Sie wies auf einen besonders auffälligen Felsblock, der wie ein unförmiger Thron mitten in der Quelle aufragte. Immie selbst kletterte auf einen kleineren, daneben liegenden Felsen.

»Diese Steine sind ja ganz warm. Das ist eine heiße Quelle!«, staunte Mikael.

Immie lächelte nur, schloss die Augen und begann schweigend zu meditieren. Mikael kam das ein bisschen komisch vor. Trotzdem machte er ebenfalls die Augen zu und spürte auf einmal, wie sich in seiner Brust etwas bewegte.

Hat mein Herz etwa gerade geflattert?, fragte er sich.

Dann geschah etwas Verblüffendes: Sein Herz öffnete sich für alle Arten von Gefühlen, und die Zeit schien stillzustehen. Niemand wusste, wie viele Minuten oder Stunden auf diese Weise vergingen. Mikaels Gedanken schweiften von dem Leben ab, das er normalerweise führte. Plötzlich erfüllten ihn ganz andere Gedanken – Gedanken der bedingungslosen Liebe zur Menschheit. Und diese Liebe, die er in seinem Herzen spürte, breitete sich in seinem ganzen Körper aus. Das war ein völlig neues, überwältigendes Gefühl für ihn. Mikael empfand Liebe zu allen Menschen auf der Erde und zu allen Lebewesen, bis in die Unendlichkeit hinein, und er spürte, dass diese Liebe erwidert wurde.

Sein Bewusstsein erweiterte sich, und er wurde eins mit allem und jedem, was es gibt.

Wenn ich nur für immer hier auf diesem warmen Felsen sitzen bleiben könnte, dachte er. Ihm wurde klar, dass das kein normales menschliches Gefühl und dass er auch kein gewöhnlicher Mensch war – er war viel mehr als ein Mensch, und all das eröffnete sich ihm in diesem Augenblick.

»Kommen wir zur Sache. Du weißt, dass ich eine Außerirdische bin«, unterbrach Immie ihn in seinen Gedanken.

Da fuhr ein jäher Schock blitzartig durch seinen Körper. Die Euphorie der allumfassenden Liebe wich einem Gefühl der Angst, das ihm den Magen umdrehte und leichte Übelkeit verursachte. Fast flüsternd fragte er: »Kommst du aus derselben Gruppe wie ich?« Mikael war sich nicht sicher, ob er Angst oder Erleichterung darüber empfinden sollte, dass seine außerirdische Familie ihn entdeckt hatte. Er sah Immie in die Augen und erkannte, dass sie eine sehr alte Seele war. Kann ich ihr vertrauen? Sie lächelte und streckte die Hand aus. In ihrer Handfläche lag ein kantiger grüner Stein, der wie ein Stück Glas aussah. Seine Oberfläche erinnerte an raue Reptilienhaut.

Völlig verwirrt erwachte Mikael im Bett in seiner kleinen, aber mit maskuliner Eleganz eingerichteten Eigentumswohnung. Er kniff die Augen fest zusammen und versuchte wieder einzuschlafen. Zum ersten Mal in seinem Leben war es ihm egal, ob er einen Arbeitstag versäumte – er musste unbedingt mehr erfahren. Die Gedanken jagten sich in seinem Kopf. *Was war das für ein Dorf, und wer ist Immie? Bin ich ein Außerirdischer? Verdammt noch mal, bin ich wirklich ein Au-*

ßerirdischer? Was war das für ein Stein, und warum hat sie ihn mir gezeigt? Warum musste ich bloß aufwachen, bevor ich alle Antworten erfuhr?, dachte Mikael verärgert und steigerte sich immer mehr in diesen Zustand der Wut und inneren Erregung hinein, bis er schließlich aufstand.

Er ging ins Badezimmer, warf einen Blick in den Spiegel und begann mit sich selbst zu reden: »Du bist wohl völlig verrückt geworden, Mikael. Das war doch nur ein Traum, sonst nichts – nur eine Ausgeburt deiner Fantasie. Eine kalte Dusche wird dich wieder zur Vernunft bringen.«

Doch als das kalte Wasser auf seine Haut traf, fühlte er sich immer noch nicht klarer im Kopf. Also beschloss er, sich als Nächstes eine gute, starke Tasse Kaffee und ein ordentliches Frühstück zu gönnen und dann möglichst lange zu arbeiten, um wieder zur Besinnung zu kommen.

Aber als Mikael in seinem Büro in Manhattan saß, klingelte dauernd das Telefon. Seine Kunden waren ängstlich und nervös, was haargenau zu seiner eigenen Stimmung passte, und es schien, als klingelten heute alle elektronischen Geräte in einem besonders hohen Ton, der ihm in den Ohren dröhnte und Kopfschmerzen verursachte.

Was zum Teufel ist nur mit mir los?, fragte er sich. *Klingen die etwa immer so?*

Als er später in einem Meeting saß, spürte Mikael zum ersten Mal die Energie anderer Menschen und konnte ihre Gedanken so klar und deutlich lesen wie die Morgenzeitung. Und was er da las, war noch schlimmer als die Nachrichten – Gier, Angeberei, Dominanzstreben, Eifersucht. Ihm war, als drehe sich der Konferenzraum um ihn herum, und ihm wurde übel, so wie in seinem Traum in der Nacht zuvor.

»Alles okay, Mikael?«, fragte sein Chef.

»Ja, ich glaube, ich habe mich nur ein bisschen erkältet, tut mir leid«, log er. Er begriff nicht, was mit ihm los war.

»Na schön, dann werfen Sie heute Abend ein paar Pillen ein und kommen Sie morgen früh möglichst zeitig ins Büro. Wir haben keine Zeit für Erkältungen«, brummte der Chef.

»Ja, Sir«, entgegnete er.

Mikael hatte sich seine Stellung hart erarbeitet und sein ganzes persönliches Glück geopfert, um zu den ganz Großen zu gehören – zu den Leuten, die wirklich zählten. Zumindest hatte er das bisher immer gedacht. Vor seinem Traum in der letzten Nacht waren ihm nur Geld und Status wichtig gewesen, denn das bedeutete Sicherheit und wohlverdienten Erfolg. Mikael kam nicht aus einer guten Familie, hatte von seinen Eltern keinerlei Unterstützung erhalten, und es gab auch keine Freunde und Bekannten, die ihm durch Empfehlungen einen guten Job hätten verschaffen können. Er hatte sich alles hart erkämpfen müssen und hielt sich für einen ehrlichen, anständigen, fleißigen Kerl – ganz anders als viele seiner Kollegen, die alles taten, um sich beim Chef einzuschmeicheln. Es hatte ihn zwar viel Zeit gekostet, die Karriereleiter hochzuklettern, aber schließlich hatte er sich mit seinen Eigenschaften und Fähigkeiten doch Respekt erworben, und die Kunden hatten Vertrauen zu ihm. Seine Kollegen zogen ihn oft auf, weil sie nicht begriffen, warum bestimmte finanzkräftige Kunden bei ihren Investitionen ausgerechnet ihn um Rat fragten.

Doch Mikael wusste, warum: Es lag daran, dass er bei seiner Arbeit immer offen, ehrlich und integer war und seinen Kunden auch nicht verschwieg, mit was für Risiken ihre Investitionen einhergingen. Er hatte es in der Welt der großen, erfolgreichen Leute geschafft und war sicher, die nächste Beförderung schon in der Tasche zu haben. *Dann habe ich endlich mehr Freizeit und kann mir ein bisschen Spaß gönnen und das Leben genießen*, tröstete er sich immer wieder.

Gegen 18 Uhr kam eine hübsche Frau in einem eleganten, aber bequemen Kleid mit aschblondem Haar und gesunder

Sonnenbräune in sein Büro. Ihre Anwesenheit erfüllte den ganzen Raum mit Magie. »Mein großer Bruder arbeitet wieder mal, als gäbe es kein Morgen«, stellte sie mit einem breiten, fröhlichen Lächeln fest, kam um seinen Schreibtisch herum und drückte ihm einen Kuss auf die Wange. »Wie geht es dir? Du siehst so … Ich weiß auch nicht, so blass und müde aus. Was ist denn mit dir los?«

»Eigentlich ging es mir ganz gut – bis du reingekommen bist«, antwortete er ein bisschen genervt. »Was kann ich für dich tun, Katy?«

»Wie wär's mit einem Abendessen mit deiner Lieblingsschwester?«, lächelte sie.

»Du bist meine einzige Schwester.«

Er sah sie an und dachte, dass sie in ihrem früheren Leben bestimmt eine Hexe gewesen war, weil auch heute noch alle Leute ihrem Zauber erlagen. »Bei mir wirkt dein Hexenzauber nicht«, lachte er und setzte bedauernd hinzu. »Tut mir leid, aber ich kann nicht. Ich habe noch zu tun.«

»Du hast immer zu tun«, sagte sie, »deshalb habe ich dir etwas zum Abendessen mitgebracht. So habe ich wenigstens eine Chance, dich heute trotzdem mal zu Gesicht zu bekommen.« Sie hob die Papiertüte hoch, die sie in der Hand hielt. »Zeit zum Schlemmen.«

»Du bist wirklich ein Schatz, Katy. Ich denke, ein paar Minuten Pause kann ich mir gönnen. Ich war fast schon am Verhungern. Danke.«

»Jetzt übertreibst du aber. Normalerweise bist du ziemlich pampig – und jetzt kommst du mir plötzlich auf die gefühlvolle Tour? Irgendetwas stimmt heute mit dir nicht, das spüre ich doch ganz genau. Leg deine Akten weg. Willst du vielleicht darüber reden?« Katy holte zwei Bento-Boxen mit japanischem Essen aus ihrer Papiertüte. »Du kannst ja nachher meine Reste aufessen«, neckte sie ihn.

»Igitt«, machte er.

»Wieso igitt? Du hast doch schon immer meine Reste gegessen. Nur weil wir jetzt in deinem mondänen Büro sitzen, braucht sich daran nichts zu ändern. Ich verrate es auch niemandem, das verspreche ich dir«, lachte sie leise.

Die beiden waren nicht in einer glücklichen Familie aufgewachsen, aber sie hatten sich immer gegenseitig geholfen und waren auch über dieses jetzige Leben hinaus miteinander verbunden, da war Katy sich ganz sicher.

»Ich habe noch etwas anderes für dich.«

Sie griff in ihre Handtasche und holte eine kleine Schachtel heraus, auf der ihr Firmenlogo eingraviert war. Liebevoll strich sie mit dem Daumen über das Logo und spürte plötzlich ein Gefühl tiefer Dankbarkeit.

Es war Mikael gewesen, der sie dazu ermutigt hatte, einen eigenen Laden zu eröffnen. Er hatte sogar Geld darin investiert und ihr beigebracht, eine erfolgreiche Geschäftsfrau zu sein. Wenn es nach Katy gegangen wäre, hätte sie ihr Unternehmen einfach nur nach Gefühl und mit viel Liebe und Freundlichkeit betrieben und wäre inzwischen mittellos, vielleicht sogar obdachlos, weil sie nichts vom Geschäftsleben verstand. *Männer haben einen Kopf für so etwas*, erklärte er ihr oft, *und du hast das Herz und die uralten Fähigkeiten, die du für deinen verrückten kleinen Laden brauchst.* Katy hatte ihr Geschäft »Heilpflanzen und Heilkristalle« genannt.

Sie reichte ihm die Schachtel. »Hier, bitte. Mach sie auf!«, drängte sie ihn. »Ich habe heute eine neue Lieferung bekommen, und als ich diese Schachtel in der Hand hielt, hat mein Herz mir gesagt, dass sie für dich bestimmt ist. Ich weiß, dass du von solchen Dingen nicht viel hältst, aber das hier musst du unbedingt annehmen, Mikael.«

»Genau wie ich den Schutzzauber für mein Auto annehmen musste, die Kristallessenz, damit mein Verstand immer schön scharf bleibt, und den geschliffenen Kristall für das Fenster, um den Regenbogen in mein Leben zu holen?«, wollte er sagen.

»Sei still und mach es auf«, unterbrach sie ihn mit vollem Mund und fuchtelte mit ihren Essstäbchen in der Luft herum.

»Ja, Madam.«

Mikael nahm ihr die kleine Schachtel aus der Hand, hob den Deckel ab und warf einen Blick auf den Inhalt.

Da war er ja wieder! Etwas in seiner Brust wogte auf und ab, und diesmal war er sicher, dass es nicht sein Herz war, was da so hüpfte. Er lehnte sich in seinem Stuhl zurück und starrte ungläubig in die Schachtel.

»Gefällt er dir?« Sie sah, dass er erstaunt war, und freute sich darüber. Es musste schon eine Menge passieren, damit ihrem Bruder die Luft wegblieb.

»Wie kann das sein?«, murmelte er ungläubig vor sich hin. In der Schachtel lag der grüne Stein aus seinem Traum, den Immie in der Hand gehalten hatte, kurz bevor er aufgewacht war.

»Ich habe meine Bestellung aufgegeben, und daraufhin kam das hier – direkt aus Tschechien. Als ich den Stein berührte, spürte ich, dass er eine Botschaft enthielt.« Katy machte eine effektvolle Pause, um die Spannung zu steigern.

»›Bring mich zu Mikael‹«, sagte sie dann mit tiefer, langsamer, dramatisch klingender Stimme, um den richtigen Gruseleffekt zu erzeugen, »und bring ihm auch ein bisschen japanisches Essen mit«, setzte sie scherzhaft hinzu. »Aber im Ernst – du weißt doch, wie ich diese Dinge spüre, an die du nicht immer glaubst. Diesmal habe ich gespürt, dass du diesen Stein unbedingt brauchst. Ist er nicht wunderschön?«

Behutsam nahm Mikael den Stein aus der Schachtel und wog ihn in der Hand, und ein warmes Gefühl begann sich in seinem Körper auszubreiten.

In Gedanken war er wieder in seinem Traum.

Immie hielt ihm den Stein vor die Nase. »Das ist ein Moldavit. Halte ihn in der Hand, während ich mit dir spreche. Weißt du, vor ungefähr fünfzehn Millionen Jahren fiel ein Meteorit von den Plejaden auf die Erde. Sein Aufprall erzeugte eine enorme Kraft, durch die kosmische Energie und Erdenergie sich miteinander verbanden und Steine wie dieser hier entstanden sind.« Sie hielt inne.

»Die Erde« – sie beschrieb einen weiten Bogen mit der Hand – »ist eine Welt der Dualität. Alles auf diesem Planeten erfüllt mindestens zwei verschiedene Zwecke.

Das ist ein Naturgesetz. Der kosmische Meteorit bewirkte Zerstörung, und im selben Augenblick bewirkte die Erde eine Heilung dieser Zerstörung. Du siehst: In der Dualität steckt Harmonie – auf jede Aktion folgt eine Reaktion. In diesem Fall erfolgt die Heilung auf physischer und emotionaler Ebene – durch die Wiedergeburt und das Nachwachsen des Pflanzen- und Tierreichs, da diese beiden Reiche am stärksten von der Zerstörung betroffen waren.«

»Und was ist mit den Menschen?«, platzte er heraus.

Sie lächelte mitfühlend. »Der Mensch ist ein Tier, und vor fünfzehn Millionen Jahren sah dieses Tier noch ganz anders aus als heute.« Dann wurde sie ernst. »Vor fünfzehn Millionen Jahren hätte es noch niemand für möglich gehalten, dass unsere außerirdischen Seelen eines Tages in einem tierischen Körper auf der Erde leben würden.«

»Bin ich ein Außerirdischer, Immie?«

»Du bist eine dieser außerirdischen Seelen, die in einem menschlichen Körper leben. Du bist schon seit atlantischer Zeit auf der Erde und hast deiner außerirdischen Familie und den Menschen bereits sehr geholfen.«

»Dieses achtzehn Hektar große Grundstück mit den heißen Quellen wirst du in absehbarer Zukunft kaufen«, prophezeite Immie lächelnd.

»Das ist unmöglich«, wollte Mikael widersprechen, doch sie fiel ihm ins Wort.

»Wir haben nicht mehr viel Zeit, Mikael. Hör mir gut zu. Ich werde einen Weg finden, dir diesen Stein in deinem wirklichen Leben zukommen zu lassen. Es ist wichtig, dass du ihn hast. Denk daran: Es gibt keine Zufälle. Ich werde dich noch ein paarmal besuchen, um dich weiter zu unterweisen.«

»Wie kann ich diesen Ort finden, Immie? Sag mir, wie er heißt – gib mir doch einen Tipp«, flehte er verzweifelt.

»Das kann ich nicht. Du musst ihn selber finden.«

»Aber wie?«

»Folge deinem Alien-Kompass«, waren die letzten Worte, die er von ihr hörte.

»Mikael! Mikael!« Die laute Stimme seiner Schwester holte ihn in die Gegenwart zurück. »Was ist denn los? Du warst ein paar Sekunden lang wie weggetreten.«

»Ein paar Sekunden? Das kam mir viel länger vor als nur ein paar Sekunden«, murmelte er und schob sein Essen weg.

»Du machst mir wirklich Angst«, sagte sie und musterte ihn genau. *Was ist denn nur mit meinem Bruder los? Bisher hat er die Kristalle, die ich ihm schenkte, doch immer bloß als billigen Schmuck betrachtet und sie nur angenommen, weil er mich liebt*, dachte Katy. Es stimmte: Sie hatte gespürt, dass dieser Moldavit für ihn bestimmt war. Genau das gleiche Gefühl hatte sie auch bei dem Schutzzauber gehabt, den sie ihm vor ein paar Jahren für sein Auto gebastelt hatte.

Aber zu diesem Stein hatte er tatsächlich eine bewusste Verbindung aufgebaut, das erkannte sie ganz deutlich.

Mikael stand auf und begann die Essensreste einzupacken. »Komm, wir sind hier fertig. Lass uns zu mir nach Hause gehen, dann erzähle ich dir von meinem Traum. Du wirst ihn wahrscheinlich besser verstehen als ich, und vielleicht kann ich danach wieder mein normales Leben weiterführen.«

8

Mintaka

Gute Taten weitergeben

Maggies Leben

»Schau dir diese Kaffeetüten an, Maggie! Sie sind gerade angekommen. Und meine Bilder sind überall drauf!«, rief Frankie außer sich vor Freude. »Komm, lass uns einen Freudentanz aufführen!«

Maggie, die hinter dem Tresen stand, lächelte ihrer Freundin zu: »Ich weiß nicht recht, Frankie, ich weiß nicht recht …«, meinte sie und tat, als sei sie etwas skeptisch. George zog die Braue hoch, als er Maggies Gesichts sah.

»Dir gefallen meine Bilder nicht – sag es doch ehrlich. Du magst sie nicht. Meine ganze Mühe war umsonst«, seufzte Frankie, die sich plötzlich Sorgen zu machen begann.

»Würdet ihr beide bitte aufhören, euch gegenseitig zu ärgern«, mischte George sich ein. »Deine Bilder auf den Kaffeetüten sind ganz hervorragend, Frankie. Die Leute werden sie einrahmen und als Erbstück von Generation zu Generation weitergeben.«

»Im Ernst?« Frankie lief zu ihm hinüber und umarmte ihn stürmisch.

»Im Ernst«, bestätigte Maggie. »Setz dich, Frankie, ich muss dir etwas sagen.«

»Hoffentlich ist es etwas Schönes«, lächelte Frankie.

»Noch besser als schön. Ich möchte, dass du dein eigenes Unternehmen gründest«, sagte Maggie in ernstem Ton.

»Heißt das, ich bin gefeuert? Wenn dir meine Bilder nicht gefallen, kannst du mir das doch einfach sagen. Schließlich sind wir schon seit der Schulzeit miteinander befreundet.« Frankie war den Tränen nahe.

»Hör auf, du Dummerchen. Wie könnte ich meine beste Mitarbeiterin feuern? Ich bin doch nicht verrückt. Dann würdet ihr mich ja alle nicht mehr zu euren Festtagsessen einladen. Und schau dir George an – er freut sich genauso sehr auf die Weihnachtsgans wie ich. Nein, ich will dir eine Möglichkeit geben, dir etwas aufzubauen, was dir gefällt. George hat mir geholfen, indem er mir ein Startkapital gab. Und nun möchte ich diese gute Tat weitergeben«, erklärte sie, wandte sich George zu und drückte ihm die Hand. »Nochmals ganz herzlichen Dank«, flüsterte sie.

»Nichts zu danken, Liebes«, wehrte George lächelnd ab.

Inzwischen verbrachte George einen Großteil seiner Zeit im coolsten Coffeeshop der Gegend. Das Café mit dem seltsamen Namen »Maggies magische Wesen« wurde von Tag zu Tag beliebter.

»›Maggies magische Wesen‹«, murmelte George vor sich hin und machte ein nachdenkliches Gesicht.

Als reichte es noch nicht aus, dass er fast seine ganze Zeit hier verbrachte, erbot er sich auch immer wieder, hier und da eine Kleinigkeit zu reparieren. George wollte dafür kein Geld. Er hatte eine Familie gefunden, und das war für ihn das Wertvollste, was es gab. Für ihn waren Maggie und Frankie die erwachsenen Kinder, die er und seine Frau nie gehabt hatten.

Mary hätte sie bestimmt auch geliebt, dachte er liebevoll.

»Ich habe eine Zeitlang darüber nachgedacht, und eine innere Stimme hat mir gesagt, dass der Verkauf meiner ganz besonderen Bohnenmischung ein großer Erfolg sein wird und dass wir dann irgendwann ein Franchise-Unternehmen gründen werden.« Maggie klopfte sich stolz mit der Hand auf die Brust. »Und ich möchte, dass du dafür eine Merchandising-Kollektion mit T-Shirts, Tassen, Bechern, Kühlschrankmagneten und so weiter entwickelst, Frankie. Alles mit meinem Logo und deinen Bildern darauf.«

Frankie saß nur da und starrte sie fassungslos an.

»Du bist eine großartige Künstlerin, und es ist ein Segen für mich, dich als Freundin zu haben.« Sie musste ihre Gefühle im Zaum halten, um nicht in Tränen auszubrechen. Und dann fuhr Maggie fort: »Stell dir vor, Frankie – du könntest Drucke von deinen Kunstwerken machen, die die Leute sich an die Wand hängen, statt sie auf Kaffeetüten zu drucken. Ich möchte, dass du meine Merchandising-Geschäftspartnerin wirst«, sagte sie fröhlich. »Wir werden mit kleinen Bestellungen anfangen und unser Geschäft dann nach und nach immer weiter ausbauen. Das wird eine weitere gute Werbung und eine neue Einnahmequelle für uns sein. Ich biete dir fünfzig Prozent der Einnahmen an, denn das wird dein Baby sein. Du brauchst nur dein Talent in diesen neuen Geschäftszweig zu investieren und an uns beide zu glauben.«

»Was hältst du davon, Frankie?«, fragten George und Maggie wie aus einem Mund.

»Das ist der schönste Tag in meines Lebens«, konnte Frankie gerade noch sagen, bevor ihre Augen in einem Wasserfall des Glücks überflossen.

Sackgasse

Mikaels Leben

Mikael war auf dem Heimweg von der Arbeit. Es war schon spät, und draußen wurde es bereits dunkel. Der Verkehr schleppte sich im Schneckentempo dahin. *Ich hätte lieber doch nicht mit dem Auto fahren sollen*, dachte er, obwohl eine innere Stimme ihm an diesem Morgen eingeflüstert hatte, das Auto zu nehmen. Doch jetzt war er der Meinung, er hätte vielleicht besser die U-Bahn genommen, wie er es normalerweise tat.

Mittlerweile waren mehrere Monate vergangen, und sein Traum ging ihm immer noch nicht aus dem Kopf. Katy hatte den Moldavit, den sie ihm geschenkt hatte, in Golddraht eingewickelt und an eine Halskette gehängt, damit er ihn möglichst nahe am Herzen tragen konnte. Doch seit jenem Tag hatte Mikael keine Träume mehr gehabt und auch keine Begegnungen mit Immie mehr erlebt.

»Vielleicht war es einfach nur ein Traum, der mich jetzt verfolgt«, redete er sich ein und versuchte sich auf den Straßenverkehr zu konzentrieren.

Zuerst hatte er sein eigenes Ego geleugnet, und dann war er wütend geworden. Und was die Sache noch schlimmer machte: Er hatte keine Ahnung, wie er sein Leben ändern oder wo er damit anfangen sollte.

Er wusste, dass an jenem Tag etwas mit ihm geschehen war, das ihn für immer verändert hatte. Er begann die spirituellen Bücher zu lesen, die seine Schwester ihm empfahl – vor allem solche, in denen es um das Ego ging. Vor seiner Begegnung mit diesem Stein hatte sein Beruf ihm alles bedeutet, und er war mit seinem Leben glücklich und zufrieden gewesen. Doch jetzt litt er unter Angstzuständen und Stimmungstiefs und sehnte sich nach seinem früheren Ich zurück.

Mikael dachte an sein letztes Gespräch mit Katy. Damals hatte sie nur gelächelt und gesagt: *»Zum rechten Zeitpunkt wird sich schon alles wie von selbst ergeben.«* Aber er wollte einfach nicht länger warten. Er war ungeduldig.

Während sein Leben wie ein rückwärts ablaufender Film vor seinem inneren Auge dahinzog, wurde Mikael klar, dass das Bedürfnis nach finanzieller Sicherheit sein wichtigster Antrieb war. Das rührte noch aus seiner Kindheit. Als Kinder waren Katy und er oft sehr verängstigt gewesen. Sie hatten manchmal hungern und immer wieder die Schule wechseln müssen, weil ihre Eltern dauernd umzogen. Deshalb wollte er für sich und seine Schwester unbedingt Stabilität und Sicherheit, auch wenn sein Traumjob ihn inzwischen nicht mehr ausfüllte.

Ich kann doch nicht einfach weggehen und etwas anderes machen! Was soll ich denn tun? Mikael sah einfach keinen Ausweg. Er hatte sein Wirtschaftsstudium als Bester seines Jahrgangs abgeschlossen und war Finanzberater geworden. Er mochte nicht alle Menschen, mit denen er zusammenarbeitete – vor allem jetzt, wo er sich, wie Katy ihm erklärte, in sie hineinfühlen und ihr wahres Ich erkennen konnte. Oh Gott – er konnte tatsächlich ihre Gedanken lesen! Er wusste, dass sein Chef heimlich seine Frau betrog, und doch brachte sie ihm jeden Tag immer um dieselbe Zeit ein selbstgekochtes Mittagessen, und dreißig kostbare Minuten lang benahmen sie sich wie die Turteltauben. *Wenn die Frau wüsste, was los ist …*, dachte er und schob diesen Gedanken dann schaudernd beiseite.

Der Verkehr war eine Katastrophe. Plötzlich wurde ihm schwindelig, und alles verschwamm vor seinen Augen. Gleichzeitig hatte er das Gefühl, kaum noch Luft zu kriegen, und bekam Schmerzen in der Brust. *Hoffentlich ist das kein Herzinfarkt*, dachte Mikael. Er steckte im Verkehr fest, und sein Handy lag in seiner Tasche im Kofferraum.

Was soll ich nur tun? Er bemühte sich, einen vernünftigen Gedanken zu fassen.

Knapp drei Meter vor ihm stand ein Verkehrsschild, das eine Sackgasse anzeigte. Mikael versuchte sich zu beruhigen. Vielleicht konnte er in diese Straße abbiegen, dort anhalten und sein Handy aus dem Kofferraum holen. Panische Angst stieg in ihm auf. *Welche Ironie des Schicksals! Ich werde also in einer Sackgasse sterben, und genauso fühlt sich auch mein Leben an – wie eine Sackgasse.* Sein Brustkorb schmerzte, sein Atem ging schwer, und er hatte das Gefühl, gleich ohnmächtig zu werden.

»Wenn das hier passiert, verursache ich wenigstens keinen Verkehrsstau«, murmelte er vor sich hin. Mit Mühe wendete er und parkte sein Auto am Rand der Sackgasse.

»Mikael!«

Er wandte den Kopf nach rechts, um festzustellen, wo die Stimme herkam.

»Immie?« Er versuchte wieder klar zu sehen. »Muss ich jetzt sterben?«

Sie saß neben ihm und legte ihm die Hand auf die Brust. Er spürte, wie eine warme, beruhigende Energie seinen Körper durchströmte. »Beruhige dich, Mikael. Atme langsam und tief durch. Du hast eine Panikattacke.«

»Ich muss also nicht sterben?«, fragte er.

»Nein«, sagte sie ruhig und lächelte leise.

»Immie, ich habe den Ort immer noch nicht gefunden.«

»Du machst dir zu viele Sorgen, Mikael. Das kommt schon noch alles zur rechten Zeit.«

Jetzt hört sie sich bereits an wie meine Schwester, dachte er genervt.

»Wie kommst du denn hierher? Träume ich?«

»Nein, das ist kein Traum. Atme einfach weiter. Siehst du – es wird schon besser. Trink dein Wasser.« Sie deutete auf seine halbvolle Wasserflasche. »Du musst besser auf dich aufpassen, Mikael.« Es war schon ziemlich paradox, dass eine Sechsjährige mit ihm schimpfte und ihn gleichzeitig vor einer Panikattacke bewahrte. »Ich habe mich bilokiert und bin hierhergekommen, um dir eine Geschichte zu erzählen.«

Sie rutschte auf dem Beifahrersitz hin und her. »Du und ich, wir haben zusammen auf Mintaka gelebt.«

»Mintaka?« Er hob eine Augenbraue.

»Jetzt hör mir mal gut zu, wir haben nicht so viel Zeit«, ermahnte Immie ihn. »Du hast schon viele Inkarnationen in diesem Universum erlebt, und die letzte Inkarnation vor deinen irdischen Existenzen fand im Sternensystem Orion statt, auf Mintaka. Wir sind amphibische Wesen. Denk doch mal an deine Kindheit zurück, Mikael! Du warst schon immer von Fröschen fasziniert, weil sie dich an einen Ort erinnerten, wo deine Seele sich zu Hause fühlte – nicht durch ihr Aussehen, sondern durch ihre Fähigkeiten. Du bist ein guter Schwimmer, und du liebst das Wasser genauso sehr wie die Natur und wie dein Leben in der Stadt.«

Mikael dachte an den Sommer zurück, als er etwa sechs Jahre alt gewesen war und seine Freunde davon zu überzeugen versucht hatte, dass er unter Wasser atmen konnte. Sie hatten sich über ihn lustig gemacht und ihn einen Spinner genannt. So lange war das schon her ...

»Ich will dir dein Zuhause zeigen«, verkündete Immie und berührte ihn mit der Fingerspitze an der Stirn.

Ein Funke blitzte vor Mikaels Augen auf, und er hatte das Gefühl, sich mit Überlichtgeschwindigkeit durch einen Tunnel zu bewegen. Dann sah er plötzlich blühende Natur, saftiges grünes Gras, Bäume, riesige Pflanzen und exotische Blumen vor sich. Ihm stieg sogar der Duft des Wassers in die Nase. Mikael suchte in seinen Gedanken nach einer passenden Beschreibung für diesen Ort. Es schien eine Gegend mit vielen Lagunen und Sümpfen, viel Wasser und subtropischem Klima zu sein – eine unberührte Landschaft von atemberaubender Schönheit. Dann sah er einen Teich mit smaragdgrünem Wasser, genau in der Farbe seiner Augen. Er erinnerte sich daran, wie er früher in diesem Wasser untergetaucht war, lange auf seinem Grund gesessen und telepathisch mit seinen Freunden kommuniziert hatte. Er erinnerte sich an sie. Das war sein Zuhause.

Heiße Quellen – hier gibt es ja heiße Quellen!, dachte er aufgeregt.

»Diese Quellen haben ganz besondere Heilkräfte und sind schon seit Generationen das bestgehütete Geheimnis unseres Volkes«, erklärte Immie.

Da fielen Mikael ein paar hohe Häuser auf, die zwischen den grünen Pflanzen und Bäumen hindurchschimmerten. Sie sahen wie japanische Pagoden aus, doch er wusste, dass sie nicht als Heiligenschreine, sondern als Wohnhäuser dienten. Allerdings waren sie nicht in Eigentumswohnungen aufgeteilt, wie das bei hohen Gebäuden auf der Erde normalerweise der Fall ist. In diesen Pagoden bedeutete Leben offenbar Gemeinschaft, Gerechtigkeit, Fürsorge, Liebe und Freundlichkeit unter den Wesen, die dort lebten und alles miteinander teilten. Das spürte er deutlich. Und er hatte den Eindruck, als hätten in so einer Pagode viele Lebewesen Platz.

»Mik'El?«, rief eine Frau ihn beim Namen. Es klang zwar ein bisschen anders, doch Mikael wusste, dass das sein Name war. Er drehte sich um, stand einer älteren Frau gegenüber, und ihm blieb fast das Herz stehen.

»Mama?«, fragte er langsam.

Sie nickte, und ihre Augen, die vom gleichen Smaragdgrün waren wie seine, standen voller Tränen. Als er seiner Mutter in die Arme fiel, brach er in Schluchzen aus.

»Schhhh, Mik'El, es ist alles gut. Du musst deine Gefühle unter Kontrolle halten«, flüsterte Immie ihm ins Ohr, *»sonst verlierst du die Anbindung.«*

Er hörte Immies Stimme und wusste, dass sie bei ihm im Auto saß. Doch gleichzeitig spürte er auch seine Mutter und wusste, dass er auf Mintaka war. Mikael holte tief Luft und beruhigte sich. Er musste unbedingt mehr erfahren.

Seine Mutter forderte ihn mit einer Handbewegung auf, sich neben sie zu setzen. »Früher war das Leben hier einfach, und es gefiel uns so, wie es war.« Sie hielt für einen kurzen Moment inne. »Jahrtausende lang führten wir ein glückliches Leben und fühlten uns sicher in unserer Welt. Obwohl wir zum Territorium der Dunklen Lords gehörten, ließen sie uns in Ruhe, da wir offensichtlich keine militärischen Fähigkeiten besaßen und ihnen daher nicht von Nutzen waren.

Doch eines Tages stürzte ein Raumschiff mit Dunklen Lords vom Stern Rigel auf unserem Planeten ab. Bei dem Absturz kamen alle um, bis auf einen. Auch er war dem Tode nah. Sein Körper war grausam zugerichtet. Unsere Leute zogen ihn aus dem Raumschiff, und da wir von Natur aus liebevoll sind, beurteilten sie ihn nicht nach seiner Herkunft. Sie trugen ihn zu der heilkräftigen heißen Quelle und pflegten ihn gesund, und mit der Zeit kam er wieder zu Kräften.

Erst hielten wir uns mit unseren freundschaftlichen Gefühlen zurück, aber es fiel schwer, ihn nicht zu mögen. Er hatte Charisma und war uns dankbar für unsere Fürsorge. Er wurde unser Freund, und wir vertrauten ihm.

Wir begannen ihm mehr von unserem Leben zu offenbaren, obwohl wir dieses Wissen Jahrtausende lang sorgsam gehütet hatten. Er war fasziniert von der Heilkraft unseres Wassers, von den Kindern, die so lange unter Wasser spielen konnten, und von unseren mentalen Fähigkeiten, vor allem von Telepathie, Gedankenlesen und Fernwahrnehmung.«

Als seine Mutter die mentalen Fähigkeiten seines Volkes erwähnte, hörte Mikael besonders interessiert zu.

»Doch irgendwann war ihm das Leben auf unserem Planeten nicht mehr gut genug, denn er hatte Ambitionen, die wir nicht verstehen wollten. Er fand einen Weg, mit seinem Volk in Kontakt zu treten, und verließ uns. Wir wollten ihn nicht bei uns gefangen halten, also ließen wir ihn gehen.

Nach einiger Zeit kam er mit anderen Angehörigen seines Volkes zu uns zurück. Wir fühlten uns hintergangen. Sie wollten die Geheimnisse unseres Heilwassers erfahren und fragten uns, wie es möglich sei, halbtote Menschen wieder zum Leben zu erwecken. Sie verletzten ihre eigenen Leute und warfen sie in die Quelle, um ihre Neugier zu befriedigen, und als sie sahen, dass diese Wesen durch unser Wasser geheilt wurden, beanspruchten sie die heißen Quellen als ihr Eigentum. Sie glaubten, dass das Naturphänomen von Mintaka das heilende Wasser erzeugt. Wir ließen sie in diesem Glauben.

Wir schützten das Wissen um die heilenden Quellen. Wir sind die Wächter des heilenden Wassers, Mik'El. Und wir hüten auch das Geheimnis, wie diese heißen Quellen in Wirklichkeit funktionieren. Nur unsere weisen Ältesten wissen es, und dieses Wissen wird von Generation zu Generation weitergegeben.

Doch als sie unseren Planeten übernahmen, verlor das heilkräftige Wasser mit der Zeit seine Wirkung. Da wurden sie wütend auf uns und fingen an, uns unter ihre Kontrolle zu bringen.« Sie schwieg eine Zeit lang, als müsse sie sich für das, was sie als Nächstes sagen wollte, erst sammeln.

»Sie haben uns unsere Kinder weggenommen und zu ihren Spionen gemacht – zu ihren Gefangenen«, erzählte sie und versuchte ihre Tränen zurückzuhalten.

Als sie spürte, wie Zorn in ihm aufstieg, berührte sie sanft seine Hand. »Sei nicht wütend, Mik'El. Lerne ihnen zu vergeben. Seit damals hat sich so vieles verändert. Für dich und für uns alle. Unsere Vergangenheit hat dich zu dem gemacht, was du heute bist. Doch jetzt liegt es an dir, zu wählen, wer du sein möchtest. Das hier existiert nicht mehr«, sie wies auf die Landschaft, die sich vor ihm ausbreitete.

»Was du jetzt siehst, ist meine Erinnerung, die ich für dich gespeichert habe. Vielleicht hast du das alles in deinen früheren Leben gesehen. Es ist wie eine Erinnerungs-Zeitkapsel, doch in jeder Inkarnation erzeugt dein Verstand eine Art Amnesie, um deine Erinnerungen an diese Zeit auszuschalten. Du sollst wissen, dass ich schon lange fort bin und meinen Frieden habe, aber ich weiß, dass du dich eines Tages an all das erinnern wirst. Du wirst dich in deiner Seele daran erinnern und dich auf die Suche nach der Wahrheit begeben.« Sie hielt inne.

»Sie haben dich mir weggenommen, als du noch ganz klein warst. Das war lange vor deinem Leben als der Mann, der du inzwischen bist. Sie haben alle unsere Kinder entführt und darauf programmiert, dem System der Dunklen Lords zu dienen. Wir haben gehört, dass du in Lagern zu einem medialen Spionagesoldaten ausgebildet wurdest.

Mintaker haben ein starkes Nervensystem und eine enorme geistige Kapazität. Durch deine amphibischen Fähigkeiten hat dein Geist sich so weiterentwickelt, dass du unter Wasser und ebenso an Land kommunizieren kannst.

Sie haben es geschafft, deine Erinnerungen an deine Heimat zu blockieren, und so hast du vergessen, dass du eine freundliche, liebevolle Seele besitzt. Ein Wesen, das sich an bedingungslose Liebe erinnert, kann keine grausamen Taten vollbringen, wie sie den Dunklen Lords im Blut liegen. Die Dunklen Lords sind Meister der Gedankenkontrolle. In ihren Lagern wurdest du darauf trainiert, deine Gedanken zu beherrschen und deine Emotionen auszuschalten. Man hat dir beigebracht, dass Gefühle und Liebe ein Zeichen von Schwäche sind. Und Schwäche wurde auf Rigel grausam bestraft.«

Sie lächelte und tätschelte ihm liebevoll die Wange. »Du hast einen sehr starken, schönen Geist, Mik'El, und du wurdest gegen deinen Willen von mir getrennt und von zu Hause weggebracht. Sie haben dich so programmiert, dass du dieses neue Leben meistern konntest und darüber ganz vergessen hast, wer du in Wahrheit bist. Du wurdest ein wirklich guter medialer Spion. Mithilfe von Wesen wie dir haben sie eine Menge Kriege gewonnen. Und irgendwann warst du überzeugt davon, dass sie das Richtige taten.«

»Das kann nicht sein«, sagte Mikael ungläubig.

Bin ich tatsächlich ein Dunkler Lord geworden? Habe ich anderen Wesen absichtlich Schaden zugefügt?

»Ja.« Sie las seine Gedanken. »Das stimmt, und du musst dir das verzeihen und verstehen, warum es passiert ist. Im Grunde deines Wesens warst du nie einer von ihnen. Sie haben immer nur deine Gedanken kontrolliert, dir Angst eingejagt und dich auf diese Weise beherrscht. Deine Seele hatte nie die Freiheit, selbst zu entscheiden, wer du sein wolltest. Um zu überleben und diejenigen zu beschützen, die dir wichtig waren, musstest du das werden, was sie von dir verlangten. Wenn du dich entschieden hättest, ihre Befehle nicht zu befolgen, hätten andere sterben müssen. Du warst noch ein Kind, als du über das Schicksal deiner Freunde und Angehörigen entscheiden musstest.«

Mikael begann sich zu erinnern. »In den Lagern sagten sie uns, dass sie unsere Familien auf Mintaka töten würden, wenn wir ihnen nicht unsere Seelen verpfändeten – wenn wir nicht die Fähigkeiten erlernten, die die Dunklen Lords von uns erwarteten. Ich höre immer noch Kinder weinen. Ich weiß, dass sie einige dieser Kinder getötet haben, um uns zu beweisen, dass sie es ernst meinten. Ich musste stark werden – für sie. Ich glaubte daran, dass sie mir folgen würden, wenn ich diese Veränderung akzeptierte, und dass ich sie dann retten könnte.

Das taten sie auch, und ich schwor mir, dass ich ihnen eines Tages helfen würde, sich an ihre wahre Identität zu erinnern – dass ich ihnen helfen würde, die furchtbaren Narben zu heilen, die die Dunklen Lords uns zugefügt hatten. Tut mir leid, Mutter, ich habe dich enttäuscht. Ich glaubte keine andere Wahl zu haben.« Mikael spürte einen stechenden Schmerz in der Magengrube und furchtbare Reue.

Jäh blitzte sein Arbeitsplatz vor seinem inneren Auge auf. *Ich könnte nie so sein wie sie. Sie lassen mich arbeiten wie ein Pferd, aber andere bekommen die Beförderungen. Irgendwie wissen sie, dass ich nicht so bin wie sie. Ich stehe immer unter der Kontrolle von jemand anderem. Jetzt ist mir das alles plötzlich so klar*, dachte Mikael.

»Du hast mich nicht enttäuscht, Mik'El. Schließlich hast du sie gerettet. Du hast ihnen geholfen, ihr Los zu akzeptieren, und ihr Leiden dadurch gelindert. Ich weiß, wer du im Grunde deines Wesens bist. Ich kenne dich. Du hattest ehrenhafte Absichten. Ich liebe dich und werde dich immer lieben. Dank deiner Hilfe konnten sie überleben. Du musst dir verzeihen. Du musst einen Weg finden, dich selbst zu akzeptieren und zu lieben und dir zu vergeben. Davon hängt auch das Wohl anderer ab.«

»Ich will es versuchen. Aber habe ich es denn überhaupt verdient, mich selbst zu lieben, wenn ich anderen Schaden zugefügt habe?«, fragte er leise.

»Wir haben nicht mehr viel Zeit, Mik'El. Die Erinnerungen an diese Gedankenkontrollprogramme werden zusammen mit deinen Erinnerungen an zu Hause in dir aufsteigen. Hab keine Angst davor. Geh deinen Erinnerungen auf den Grund. In der Dunkelheit liegen Wahrheiten verborgen. Du wirst Antworten auf die Frage finden, wie du anderen helfen kannst, die in der gleichen Situation sind wie du oder die unter Gedankenkontrolle stehen.

Denke daran: Orion ist nicht mehr das, was es einmal war. Egal woran du dich erinnerst, egal was du getan hast – vergiss mich nie, denn ich bin die Essenz deines Wesens. Deine Seele ist gut, voll bedingungsloser Liebe, und auch dein Verstand ist weder finster noch böse. Nur diejenigen, die ihn benutzen, um andere zu kontrollieren, schaffen endloses Leid in diesem Universum. Wenn der Verstand in den Händen der Seele liegt, ist er schön und brillant. Und, Mik'El: Jeder hat Liebe verdient, sogar die Dunklen Lords.

Auf Mintaka besaßt ihr ausgewogene Energien, ein Gleichgewicht aus Seele und Verstand oder – wie ihr es nennt – Licht und Dunkelheit. Unsere Seele spiegelt sich in der üppig gedeihenden Natur von Mintaka wider, und das nährt die Emotionen des Körpers. Unser Planet war wie ein kollektiver Garten unserer Seelen. Er war atemberaubend schön.

Unser Geist spiegelte sich in physischen Schöpfungen wider, die das Leben für den Körper leicht, einfach und angenehm machten – zum Beispiel durch die Heilquellen und Pagoden, die du gesehen hast. Auf Mintaka waren Seele und Verstand in einer Zwillingsflammeneinheit miteinander verbunden. Doch auf Rigel war der Verstand die einzige Flamme.

Du bist viel mehr, als du dir selbst zutraust. Du bist ein intelligentes, liebevolles Wesen, vergiss das nie. Ich liebe dich, mein Sohn. Ich bin stolz auf den Mann, der du geworden bist. Doch jetzt muss ich dir Lebewohl sagen. Möge dein Leben ein Spiegelbild dessen sein, was du in Wirklichkeit bist.«

»Mama! Mama! Geh noch nicht weg!«, schrie Mikael.

Da klopfte jemand an sein Autofenster. »Alles okay, Sir?«

Leicht verwirrt schaute Mikael sich um.

Immie war verschwunden, und er saß immer noch in seinem Auto. Draußen war es dunkel, und wahrscheinlich hatte er ziemlich laut geschrien. Sein Gesicht war tränenüberströmt, und er befand sich in einem furchtbaren Zustand.

Mikael räusperte sich und kurbelte das Fenster ein Stück weit herunter. »Keine Sorge«, sagte er, »es ist alles in Ordnung. Es ging mir nicht so gut, deshalb habe ich hier angehalten, um mich ein bisschen auszuruhen. Wahrscheinlich bin ich eingeschlafen. Jetzt fahre ich wieder weiter. Tut mir leid, wenn ich Sie erschreckt haben sollte.«

»Schon gut. Fahren Sie vorsichtig«, erwiderte der ältere Herr, der an seinem Autofenster stand.

Mikael ließ den Motor an und fuhr los.

9

Gedankenkontrolle

Von unerklärlicher Angst verfolgt

Mikaels Leben

Seit dem Abend, an dem Mikael mit seiner Mutter auf Mintaka gesprochen hatte, fühlte er sich von etwas verfolgt. Seiner Meinung nach konnte es sich dabei nur um negative Energie handeln. Er hörte wieder diese seltsamen hohen Töne. Zwar konnte er sie nicht mit seinen physischen Ohren hören, aber in seinem Kopf fühlte es sich so an, als kratzte jemand mit Nägeln über eine Schiefertafel. Es war unerträglich. Außerdem litt er unter bohrenden Kopfschmerzen und hatte das Gefühl, als würde in seinem Kopf ein kleines Gehirn mit einem großen Gehirn um die Vorherrschaft kämpfen. Er wusste nicht, wie er damit umgehen sollte. Es war unheimlich.

»Nicht hinter allem steckt ein psychischer Angriff«, erklärte Katy ihm geduldig. Sie saßen dicht nebeneinander in dem kleinen Büro im Hinterzimmer ihres Ladens.

»Katy«, sagte er genervt. »Du weißt, ich bin kein Mensch, der schnell Angst bekommt, aber das hier« – er fuchtelte mit der Hand über seinem Kopf herum – »macht mir eine Heidenangst. Vielleicht ist es ja ein Nervenzusammenbruch? Ständig verfolgen mich diese Gedanken, dass ich ein furchtbarer Mensch und ein Versager bin – diese Fehler aus meiner Vergangenheit lassen mich einfach nicht mehr los. Das bin nicht ich. Was ist, wenn ich damals in jenem außerirdischen Leben genauso böse geworden bin wie sie?«

»Hast du Angst vor ihnen?«, fragte sie ihn geradeheraus.

»Vor wem?«

»Vor den Dunklen Lords, die dich aus Mintaka entführt haben. Hast du Angst, sie könnten dich wiederfinden?«

»Ach komm, das ist doch Quatsch«, wehrte Mikael ab.

»Ja oder nein, Mikael?«

»Vielleicht«, gestand er zögernd.

Katy holte tief Luft und begann seine Energie zu scannen. »Du spürst etwas Dunkles, das dich beschattet. Du spürst die Gegenwart von jemandem oder etwas – als könnte es dich jederzeit berühren, und wenn ihm das gelingt, musst du sterben. Du kannst nicht schlafen, weil du dich in der Dunkelheit der Nacht nicht mehr sicher fühlst.«

Sie hielt inne, klopfte mit den Fingern auf ihr Gesicht, las seine Energie und dachte nach. Er konnte ihr förmlich ansehen, wie sie sich leer machte. »Deine Emotionen schwanken zwischen Scham und Schuldgefühlen und der Angst davor, dass irgendjemand herausfinden könnte, wer du bist und was du damals getan hast – obwohl du eigentlich gar nicht weißt, was das sein könnte. Du kannst keinen Sinn darin erkennen, und es jagt dir eine Heidenangst ein.«

Sein Blick war laserscharf auf sie gerichtet. Irgendwie war ihm das alles ein bisschen peinlich.

»Ja«, sagte er und setzte leise hinzu: »Kein Mensch darf etwas davon erfahren, Katy. Versprichst du mir das? Es würde mich meinen guten Ruf kosten.«

Mikael schluckte und rieb sich das Gesicht. Er war sichtlich müde. »Kannst du es denn nicht einfach von mir wegnehmen? Du machst doch Energiearbeit für andere Menschen. Ich habe dich schon dabei beobachtet. Ich habe zwar nicht immer daran geglaubt, tut mir leid – aber inzwischen habe ich keinen Zweifel mehr daran, dass es funktioniert.«

»Ich wünschte, ich könnte dir helfen, nur liegt es nicht in meiner Macht. Du bist anders als die meisten anderen Menschen, aber deine Situation ist nicht hoffnungslos. Du fängst jetzt einfach an, dich an dein Leben außerhalb der Erde zu erinnern. Ein Leben, in dem du ein Außerirdischer warst. Und du erinnerst dich auch daran, dass du früher außergewöhnliche Fähigkeiten hattest, Mikael.

Für all das muss es einen Grund geben, und du bist jetzt auf einer Entdeckungsreise zu dir selbst. Ich kann dich dabei nur führen«, versuchte Katy ihn zu ermutigen.

»Was soll ich denn tun?« Seine Stimme klang verzweifelt.

»Du musst mit dem Jungen Kontakt aufnehmen, der du damals auf Mintaka gewesen bist – dem Jungen, der gegen seinen Willen aus seiner Familie entführt wurde. Du musst dich daran erinnern, wie dieser Junge vor und nach seiner Entführung war. Du musst ihm helfen, zu verstehen, was damals passiert ist, und den Wesen zu vergeben, die ihm das angetan haben. Und vor allem musst du ihm helfen, sich selbst zu verzeihen. Dann wirst du dich besser daran erinnern können, wer du in Wirklichkeit bist«, sagte sie mitfühlend. »Im Moment benimmst du dich wie ein verängstigter kleiner Junge. Glaubst du wirklich, du hättest dein Leben besser im Griff, wenn du wütend reagieren, nach Rache dürsten oder leugnen würdest, dass das alles jemals passiert ist?«

Mikael saß einfach nur da. Er wirkte ratlos und frustriert.

»Wut ist keine Lösung, Mikael. Dein Problem wird erst dann verschwinden, wenn DU dich damit auseinandersetzt.« Sie hielt kurz inne. »Der Mik'El, der du warst, war damals noch ein Kind. Die ersten Jahre seines Lebens waren wunderschön – voller Liebe und Glück. Vergegenwärtige dir, wie es sich angefühlt hat, dieser kleine Junge zu sein, als er noch Zukunftspläne und -träume hatte.«

Sie legte ihre Hand auf sein Herz und sah ihm in die Augen. »Das, woran du dich erinnerst, ist nur ein Bruchteil der Wahrheit. Du lebst jetzt in der Gefühlswelt dessen, was damals geschah, als dieser kleine Junge nach Rigel entführt wurde. Wut, Angst und Hoffnungslosigkeit. Hab keine Angst davor, in deiner Fantasie wieder zu diesem kleinen Jungen zu werden und ihn mit dem Menschen verschmelzen zu lassen, der du jetzt bist.« Sie hielt inne und überlegte, was sie als Nächstes sagen sollte.

»Sie haben dich entführt, weil du erstaunliche mediale Fähigkeiten hattest. Das war der einzige Grund, warum sie gerade *dich* wollten. Und genau diese Fähigkeiten scheinst du jetzt zurückzugewinnen – zusammen mit den Erinnerungen daran, wer du damals warst.«

Mikael nickte zustimmend.

»Doch um diese uralten Erinnerungen und Fähigkeiten wiederzuerlangen, musst du erst einmal deine Seele heilen. Verstehst du? Was würdest du denn mit solchen Fähigkeiten anfangen, wenn du sie besäßest, ohne dich nicht zuerst von deinen alten Ängsten und deinem alten Zorn geheilt zu haben? Würdest du sie wirklich zum Wohl aller Wesen einsetzen oder nur für das, was DU für gut hältst?«

Mikael saugte ihre Worte gierig in sich auf.

Er erhob sich und ging in dem kleinen Büro auf und ab.

»Denk einmal darüber nach«, forderte Katy ihn auf. »Wie oft musst du dich selbst und deine außergewöhnlichen Fähigkeiten damals als Mik'El gehasst haben! Wie oft hast du dir gewünscht, ›normal‹ zu sein, weil du glaubtest, allen, die du liebtest und um die du dich sorgtest, durch dein Anderssein Schmerz zuzufügen? Du kannst dich nicht einfach von deinem früheren Ich abtrennen, so wie man sich die Hand abhackt. Es ist ein Teil von dir. Das war immer so und wird auch immer so sein. In deinem jetzigen Leben hast du wieder das gleiche Problem. Es ist an der Zeit, dich selbst zu akzeptieren, Mikael.«

Mikael setzte sich hin. Er wusste, dass sie Recht hatte.

»Du warst damals noch klein, Mikael, und hattest mit unmöglichen Entscheidungen zu kämpfen. Du musstest entweder deine besonderen Fähigkeiten einsetzen und anderen Wesen – fremden, die du nicht kanntest – Schaden zufügen oder dich weigern, diese Fähigkeiten einzusetzen. Doch dann hättest du denen, die du liebtest, Schaden zugefügt. Solche Entscheidungen sind nicht einfach.

Die Dunkelheit, die du spürst, kommt nicht von den Außerirdischen, die dich damals aus deiner Heimat entführt haben. Es ist dein eigenes dunkles Monster, das du projizierst und das dich davor schützen will, deine alten Fähigkeiten zurückzugewinnen. Irgendetwas in deinem Inneren redet dir ein, dass du tatsächlich ein schlechter Mensch bist und dass das Monster deshalb hinter dir her ist.

Und es gibt noch etwas anderes – etwas, das diese ganze Geschichte inszeniert, damit du die Wahrheit finden kannst, Mikael. Aber du wirst sie niemals finden, wenn du Angst davor hast, was du dabei entdecken könntest.

Ich glaube, dieses ›Etwas‹ ist deine Seele.

Du hast deinen eigenen Schatten erkannt – deinen Schmerz, deine Scham, deine Reue. Ich wünschte, ich könnte dir das alles abnehmen, aber diese Fähigkeit besitze ich leider nicht.

Und selbst wenn ich es könnte, wäre es nicht richtig. Damit würde ich nur deine Erinnerungen auslöschen. Dann wäre ich genauso schlimm wie diese Dunklen Lords.

Deine Seele schreit vor Schmerz, damit dein Ego die Wahrheit finden kann, die deine Seele mit deinem brillanten außerirdischen Verstand in Kontakt bringt.«

»Woher weißt du denn das alles?«, fragte Mikael.

»Ich spüre es in meinem Inneren. Ich habe das Gefühl, dass jemand durch mich zu dir spricht«, antwortete sie ehrlich und warf ihm einen langen, mitfühlenden Blick zu. »Geh nach Hause, meditiere und wage dich in deine eigene Höhle der Dunkelheit, in dein eigenes Herz hinein. Untersuche diese Dunkelheit ganz genau, statt andere dafür verantwortlich zu machen. Und damit du auch wirklich verstehst, worum es hier geht: Du wurdest damals einer Gehirnwäsche unterzogen, um zu einem dieser Dunklen Lords zu werden.«

»Aber nicht aus eigener freier Entscheidung, denk daran! Es war nicht mein freier Wille«, warf er erschöpft ein.

»Was hat deine Mutter dir denn erzählt, hmm?« Sein Geschäftssinn war brillant, aber leider fehlte es ihm manchmal an gesundem Menschenverstand. »Sie hat gesagt, du sollst ›dir und ihnen verzeihen‹, und sie hat auch erwähnt, dass ›Orion nicht mehr das ist, was es einmal war‹. Das bedeutet, dass die Dunklen Lords entweder schon lange weg sind oder dass sie zu gütigen Wesen geworden sind.«

Er sah sie an und dachte über ihre Worte nach. »Wie kannst du dir da so sicher sein?«

»Schau mich an, Mikael. Sieh mir in die Augen«, forderte sie ihn energisch auf. »Habe ich dich schon einmal angelogen?«

»Nein, noch nie.«

»Ich weiß, du hast Angst davor, was du über dich selbst erfahren könntest – aber für mich bist du immer noch Mikael, mein großer Bruder. Du tust nur so, als seist du ein harter Bursche, aber in Wirklichkeit hast du ein gutes Herz, und ich werde dich immer lieben, egal was passiert«, lächelte sie. »Wenn diese Dunklen Lords dich vernichten wollten, hätten sie es schon längst getan. Schließlich bist du nur ein Sterblicher, warum solltest du also Angst vor ihnen haben?«

»Da hast du Recht«, stimmte er nachdenklich zu.

»Wenn sie dich wieder versklaven wollten, würden sie dich einfach in ein Raumschiff verfrachten und ins Universum transportieren. Das wäre doch ein Kinderspiel für sie, oder nicht?« Es fiel ihr schwer, sich das Lachen zu verbeißen.

»Ja, stimmt.« Er schien diese Möglichkeit viel zu ernsthaft in Betracht zu ziehen.

»Würdest du jetzt hier sitzen und mir zuhören, wenn sie dich wieder einer Gehirnwäsche unterziehen wollten, damit du nach ihrer Pfeife tanzt wie eine Marionette?«

»Ja, ja, ich verstehe schon, was du meinst«, antwortete er gereizt.

»Jetzt hör auf, dich lächerlich zu machen. Meditiere und tritt mit deiner inneren Dunkelheit in Kontakt. Denk doch mal nach, Mikael: Was wäre das Schlimmste, was dir passieren könnte?«, fragte sie voller Mitgefühl.

»Dass ich sterbe und dass es dann niemanden mehr gibt, der sich um dich kümmert«, sagte er aufrichtig.

Jetzt hatte sie wirklich Mitgefühl mit ihm. »Siehst du – jetzt kommen wir endlich ein bisschen weiter. Du musst deine inneren Ängste überwinden und sie durch gesunden Mut ersetzen«, sagte sie. »Außerdem dürfen wir nicht vergessen, dass ich ein florierendes Geschäft besitze und bisher ziemlich gut für mich selbst sorgen konnte. Und ich habe heute Abend eine Verabredung. Wenn du also ausgerechnet heute Abend stürbest, würde es mir das Herz brechen. Aber ich würde es auch ohne dich irgendwie schaffen, Mikael, und wir würden uns sowieso irgendwann wiedersehen«, scherzte sie.

Das Spinnen-Implantat

Mikaels Leben

An diesem Abend saß Mikael schweigend da und meditierte. Er konzentrierte sich auf sein Herzchakra und wagte sich in seine Höhle der Dunkelheit hinein. Es dauerte zwar ziemlich lange, aber irgendwann hatte er das Schicksal von Mik'El und seinen früheren Freunden und Angehörigen aus seiner Heimat Mintaka akzeptiert. Er verzieh den Dunklen Lords und sich selbst und spürte sogar Strahlen selbstloser Liebe. Erschöpft sank er in einen tiefen Schlaf.

Doch mitten in der Nacht schreckte er hoch.

Da war es wieder, dieses kratzende Geräusch, das er in letzter Zeit so oft gehört hatte. Er spürte, dass es an der Zeit war, dieser Spur nun endlich zu folgen. Also versetzte er sich in einen Zustand neutraler Energie, so wie Katy es ihm beigebracht hatte, und nahm sich fest vor, kein Urteil zu fällen, egal was er jetzt gleich zu sehen bekommen würde.

Verbindung zwischen Herz und Verstand, dachte er.

Er war auf dem richtigen Weg. In Gedanken folgte er dieser lauten, unangenehmen Energie, die über seinem physischen Körper schwebte, und bewegte sich ein bisschen nach rechts. Da sah er es: Es hockte am äußersten Rand dessen, was er als sein Astralfeld wahrnahm. Zuerst erschreckte ihn dieser Anblick, doch dann erinnerte er sich daran, dass er das, was er sah, nicht beurteilen und all seinen Entdeckungen gegenüber eine neutrale Haltung wahren wollte. Er erkannte eine schwarze Gestalt, die wie eine Spinne aussah. Sie war ziemlich groß und hatte lange, dünne Beine. Sie sah fast so aus wie eine ganz normale Spinne, wie sie zu Tausenden auf der Erde herumkrabbeln. Doch irgendwie wirkte sie auch leblos und mechanisch.

Zuerst erschrak Mikael, aber er hielt seinen Blick trotzdem weiter ruhig auf die Spinne gerichtet, bewahrte seine neutrale

Energie und beobachtete einfach alles, was er da sah. Die Spinne bewegte sich eigentlich nicht, sie blieb einfach dort, wo sie war. Mikael hatte das Gefühl, dass sie sich schon seit einer ganzen Weile an dieser Stelle befand, als sei sie dort zu Hause und fühle sich sehr wohl.

Er konnte zwar nicht spüren, weshalb diese Spinne da war, aber plötzlich stürmten viele Gedanken auf ihn ein.

Kommt diese Spinne von Rigel? Hält sie mich unter Kontrolle? Ernährt sie sich von meinen negativen Gedanken? Will sie meinen Fortschritt im Leben blockieren? Intuitiv wusste er, dass diese Spinne außerirdischen Ursprungs war.

Plötzlich sah er die Welt durch Mik'Els Augen. Er war inzwischen viel älter als der Junge, den er zuvor gesehen hatte. Er befand sich in einer Art Schule und stand vor einem Mann, den er Meister nannte. Dieser Mann hielt die gleiche Spinne in der Hand und zeigte sie seinen Schülern.

»Das hier ist ein Implantat«, sagte er, »das höchstentwickelte Gerät, das es in der Technologie der Künstlichen Intelligenz gibt. Es ist so programmiert, dass es sich über euer Nervensystem – den elektrischen Stromkreis eures Körpers – mit eurer geistigen Frequenz verbindet. Man kann die Frequenz dieses Implantats unterschiedlich einstellen, um verschiedene Effekte zu erzielen, zum Beispiel Telepathie und Gedankensynchronisation mit der Künstlichen Intelligenz. Wenn alle dieses Implantat tragen, können wir ihre Gedankenprogramme kollektiv steuern«, erklärte der Meister.

»Du meinst, dann haben wir die Gedanken sämtlicher Wesen unter Kontrolle?«, fragte Mik'El.

»Natürlich. Wir wollen schließlich die absolute Macht. Wir können uns nicht immer nur auf eure Fähigkeiten verlassen, Gedanken zu lesen und kontrollierende Gedanken in andere Wesen hineinzuprojizieren.«

»Ihr habt also kein Vertrauen zu mir?«, fragte Mik'El.

»Vertraue niemandem, Mik'El, dann überlebst du länger«, belehrte der Meister ihn in strengem Ton.

»Das hier«, erklärte der Meister, als er sah, dass Mik'El die Spinne aufmerksam betrachtete, »kann deine Gedanken lesen. Es kann auch deinen Geist steuern, indem es dir suggeriert, dass die Gedanken, die dir übermittelt werden, deine eigenen sind. Das ist die anspruchsvollste Technologie in der Wissenschaft der mentalen Techniken. Wenn wir negative Gedanken in dieses Gerät einprogrammieren, wird es auch negative Gedanken produzieren, und zwar in viel größerem Maßstab. Die Spinne wird deine abgespeicherten Erinnerungen durchsuchen und deine größte Schwäche entdecken. Und dann wird sie in all deinen elektrischen Strömen entsprechende Aktionen und Reaktionen erzeugen. Wie du ja inzwischen weißt, hat der Verstand einen elektrischen Stromkreis. Früher oder später wird diese Technologie die medialen Gedankenspione ersetzen, weil es nicht genug von euch gibt. Aber du, Mik'El, du bist anders. Du warst schon immer der Intelligenteste von euch allen«, stellte der Meister fest.

Du bist ein kostbarer Schatz – einer der wenigen, die es so weit gebracht haben, dachte der Meister und erinnerte sich an die Elektroschocks, mit denen sie ihn für ihre Zwecke programmierten. Er war ihr bisher bestes Versuchsobjekt.

»Unterdrückt dieses Implantat auch Emotionen? Werden sie dann genauso sein wie wir und keine Gefühle mehr haben?«, fragte Mik'El.

»Genau das wollen wir erreichen, ja. Stell dir vor: Alle Wesen in diesem Universum werden auf ein einziges Programm synchronisiert sein – *unser* Programm.« Er fühlte, wie ihn bei diesen Worten eine gierige Energie durchströmte.

Doch dann spürte Mik'El einen physischen Schmerz in seinem Herzen. Der Meister sah ihn misstrauisch an und sprach mit lauter Stimme weiter, um ihn einzuschüchtern. Es hatte sie schon zu viel Arbeit gekostet, Mik'Els Emotionen zu unterdrücken – er wollte ihn nicht verlieren.

»Warum solltest du Gefühle wie beispielsweise Sehnsucht empfinden wollen, wenn du den Weg des Verstandes gehst? Wir sind die intelligentesten Wesen, die es gibt. Wir besitzen die fortschrittlichste Technologie. Wir haben Sicherheit, Ehrgeiz, Autorität, Macht und Kontrolle, und wir verlassen uns nur auf uns selbst. Wir brauchen nichts anderes«, sagte der Meister in gebieterischem Ton.

»Und was ist mit der Liebe?«, platzte Mik'El heraus, ohne über die Konsequenzen seiner Worte nachzudenken.

»Liebe!«, schrie der Meister. »Liebe ist Schwäche. Emotionen sind eine Schwäche, die uns unter ihre Kontrolle bringen kann – und genau deshalb bringen *wir* sie unter *unsere* Kontrolle. Ich will DIESES Wort nie wieder von dir hören, verstanden?«

Mik'El nickte rasch mit dem Kopf.

In viel ruhigerem Ton fuhr der Meister fort: »Die Spinne kontrolliert nur deine Gedanken, weil sie auf die Frequenz deines Verstandes eingestimmt ist. Du als Wesen, das eine Seele besitzt, erschaffst Emotionen, die auf deinen Gedanken beruhen. Es gibt ein paar universelle Gesetze, die wir nicht außer Kraft setzen können.« Er dachte kurz nach. »Zumindest jetzt noch nicht«, sagte er spöttisch.

»Leider brauchen wir die Seele, um unseren Körper zu beleben, aber wir können sie ausschalten, indem wir unsere Gedanken unter Kontrolle bringen. All das und noch viel mehr können wir mit unserer Technologie der Künstlichen Intelligenz erreichen. Wenn du Lust oder Befriedigung empfinden möchtest, kannst du das sofort haben. Mit nur einem einzigen Knopfdruck kannst du die Frequenz hoch- oder runterregeln.« Dann setzte er mit einem anzüglichen Grinsen hinzu: »Die Jungfrauen von den Plejaden werden unsere körperlichen Bedürfnisse befriedigen, und wir werden über alles bestimmen, was sie tun. Kannst du diese Vision vor deinem inneren Auge sehen, Mik'El? Stell dir vor, wir haben ALLE Sternennationen unter unserer Kontrolle.«

»Ja, Meister«, antwortete er. Mik'El spürte die elektrischen Schwingungen seines Lehrers: Begierde und Bedürfnisse.

~~~

Vor langer Zeit hatte Mik'El auf dem tiefsten Grund seiner Seele den Vorsatz vergraben, dass er sich eines Tages an seine Vergangenheit erinnern und die Emotionen seiner Seele wieder zum Leben erwecken würde, und er würde auch anderen helfen, sich von der Kontrolle der Dunklen Lords zu befreien. Doch bis dahin würde er zu einem perfekten Soldaten auf dem Weg des Verstandes werden, auch wenn das eine düstere, beunruhigende Reise war. Er konnte nichts fühlen – er wusste das einfach und würde schon dafür sorgen, dass niemand etwas von seinem Geheimnis erfuhr.

~~~

10

Erinnerungen an die Galaktischen Kriege

Der Rat

Durchgabe der Lichter des Universums

Was in diesem Universum während der Galaktischen Kriege geschah, ist eine lange, komplizierte Geschichte. Es ist herzzerreißend, wie viele Wesen dabei zu Schaden kamen, ihrer Heimat entrissen, umerzogen und versklavt wurden. Wie viele Planeten mussten erst zerstört werden, bevor die Wesen auf dem Weg der Dunkelheit und die Wesen auf dem Weg des Lichts erkannten, dass wir alle auf eine enorme Zerstörung zusteuerten.

Mik'Els Geschichte ist ein gutes Beispiel dafür, das wir euch gerne nahebringen möchten, weil wir glauben, dass viele von euch es nachvollziehen können. Wir hoffen, dass ihr in eurem Leben eine Parallele dazu erkennt, die zur Heilung dieses alten Traumas führt, das in eurer DNA verschlüsselt liegt.

Zur Zeit der Galaktischen Kriege teilten wir dieses Universum miteinander, so wie ihr euch die Erde jetzt mit allen anderen Lebewesen teilt, die es auf eurem Planeten gibt. Nur mit vereinten Kräften konnten wir unseren Nachkommen eine Zukunft sichern. Da ihr euch an diese Geschichte erinnert, seid ihr wir in der Zukunft. Die Zukunft hängt von euch ab. Ihr seid nicht viel anders, als wir damals waren. Ihr lebt getrennt voneinander, mit verschiedenen Überzeugungen und Glaubensvorstellungen, und lasst euch – je nach Charakter – von Kontrollbedürfnis, Wut und Hass oder Liebe, Akzeptanz, Mitgefühl, einer ganzheitlichen Lebensauffassung und Visionen von einer anderen, friedlichen Zukunft leiten. Jede Gruppe verteidigt ihre eigenen Überzeugungen vehement, und die meisten Menschen sind nicht bereit, zu einer gemeinsamen Basis zu finden.

Wir waren ihr, und ihr seid wir. An dieser uralten Wahrheit könnt ihr erkennen, dass eure Seele schon seit Jahrtausenden durch dieses Universum reist. Ihr seid jetzt auf der Suche nach euren früheren Inkarnationen und gewinnt uralte Fähigkeiten zurück. Aber ihr müsst euch darüber klarwerden, dass ihr nicht nur Seele, sondern auch Verstand seid und dass diese beiden Pole in eurem Universum eng miteinander verbunden sind. Eure Seele erinnert sich, und die Intelligenz eures Verstandes nimmt immer mehr zu. Schaut euch nur einmal die technologische Entwicklung der Menschheit in den letzten einhundert Jahren an. Spirituelle und technische Evolution gehen Hand in Hand – aber nur so lange, bis eine von beiden versucht, die andere zu überlisten. Dann kommt es zur Zerstörung. Schaut euch eure Geschichte an, dann erkennt ihr diese Muster.

Da deine Seele sich jetzt an Inkarnationen außerhalb der Erde zu erinnern beginnt, werden auch in deinem Verstand Erinnerungen wach. Deine Seele erinnert sich an deine natürlichen außerirdischen Fähigkeiten, und dein Verstand lernt, mit dem außerirdischen 5D-Verstand in Kontakt zu treten und auf dieser Frequenz zu operieren. Es ist eine allgemein bekannte Tatsache, dass ein außerirdischer Verstand mit dem Universellen Intelligenten Verstand in Verbindung steht – der Quelle allen Wissens, der Quelle der Macht.

Deine Seele reist durch dieses Universum, sammelt Erfahrungen und gibt ihr Wissen und ihre Weisheit an andere Wesen weiter, und der Verstand begleitet die Seele wie ein perfekter Gentleman auf all ihren Abenteuern. Gemeinsam wollen die beiden das perfekteste Universum erschaffen, deshalb experimentieren sie mit verschiedenen Szenarien.

Früher hielten wir die Erde einfach nur für einen winzigen Teil des großen Ganzen, doch zu unserer kollektiven Überraschung hat sich gezeigt, dass dieser Planet der effektivste und sicherste Ort in diesem Universum ist, um das Gesetz von »Ursache und Wirkung« zu praktizieren.

Die Erde dient als Ausbildungsstätte für die Symbiose zwischen Seele und Verstand. In Lemurien glaubten wir die Erde gefunden zu haben. In Atlantis glaubten wir die Erde zu beherrschen. Doch nach dem Untergang von Atlantis mussten wir alle – die Wesen des Lichts und die Wesen der Dunkelheit – unsere eigene Arroganz erkennen. Wir haben die Erde nicht gefunden, sondern die Erde hat *uns* gefunden. Sie hat uns angezogen, um uns eine wertvolle Lektion zu erteilen – Teamarbeit. Waren wir bereit, diese Lektion zu lernen?

Der Außerirdische wird zum Menschen, und der Mensch wird wieder zum Außerirdischen. Was haben wir im Laufe dieser Jahrtausende gelernt?

Gegen Ende der Galaktischen Kriege arbeiteten der Rat des Lichts und der Rat der Dunkelheit zusammen. Vorher hatten sie jeweils getrennt voneinander an verschiedenen Orten operiert.

Als der Rat des Lichts und der Rat der Dunkelheit beschlossen, sich zusammenzutun, wurde Sirius A zu ihrer neuen Heimatbasis. Das war nur ein neuer Anfang, um sich auf die lange Reise in Richtung Heilung und Wiederaufbau zu machen und zu lernen, wie man sich wirklich miteinander vereint und wie man koexistieren und gemeinsam Erfolg haben kann.

Inzwischen sind Jahrtausende vergangen, und jetzt schließt sich der Kreis. Ihr beginnt euch wieder an eure Vergangenheit zu erinnern, und damit eröffnen sich neue Wachstumsmöglichkeiten. Es ist wichtig, dass ihr euer Herz öffnet und euch auf dieser Evolutionsreise von eurer Seele führen lasst. Nun, da ihr in eurem Verstand zu 5D-Wesen werdet, während ihr immer noch einen dreidimensionalen Körper bewohnt, lernt ihr, mit eurem Ego – einem auf niedriger Frequenz schwingenden Gegenstück zu eurem Geist – zu arbeiten.

Wenn ihr keine gute Beziehung zu eurer Seele habt, wird euer Verstand euch mit dem futuristischsten Leben zu verführen versuchen, das ihr euch vorstellen könnt.

Seit der ursprünglichen Trennung zwischen Seele und Verstand ist allgemein bekannt, dass ihr euch nach Meinung des Verstandes von euren Emotionen lossagen solltet, während die Seele sich wünscht, dass ihr auf den Komfort des Fortschritts verzichtet. Eure Herausforderung besteht darin, einen Weg zu finden, der beides miteinander verbindet.

Nichts ist unmöglich.

Mik'El auf Sirius A

Mik'El erinnert sich

Mik'El gelangte in einem plejadischen Raumschiff nach Sirius A. Als er erfuhr, dass Mintaka fast völlig zerstört und unbewohnbar geworden war, kam es ihm so vor, als sei das alles erst gestern passiert. Trotz des Opfers, das er gebracht hatte, besaß er keine Heimat mehr, in die er zurückkehren konnte. Und selbst wenn er eine gehabt hätte, hatte er doch das Gefühl, dort nicht mehr hinzugehören. Seine Erfahrungen hatten ihn verändert, und er war hart und abgestumpft geworden, als er den Friedensvertrag zwischen Licht und Dunkelheit miterlebte.

Nach dem Ende der Galaktischen Kriege bot man Mik'El eine neue Heimat und ein neues Leben auf Elektra im Sternensystem der Plejaden an. Er erschrak über diese Großzügigkeit. Anfangs war das alles sehr schwer für ihn, weil er ein dringendes Bedürfnis nach Selbstbestrafung verspürte und keine zweite Chance verdient zu haben glaubte. Doch die Plejader hatten Geduld mit ihm, und mit der Zeit lernte Mik'El, dass Elektra ein sicherer Zufluchtsort für Flüchtlinge wie ihn war. Also gab er nach und nahm die Hilfe der Plejader an. Hier auf Elektra konnte er seine seelischen Verletzungen heilen und lernen, anderen Wesen auf die gleiche Art und Weise zu helfen. Er wusste, dass er noch einen weiten Weg vor sich hatte.

Mik'El wurde vor den Rat gerufen und gebeten, den Ratsmitgliedern seine Geschichte zu erzählen. Mit fester Stimme begann er zu sprechen, denn schmerzliche Erfahrungen hatte ihn gelehrt, seine Gefühle im Zaum zu halten.

»Als ich erfuhr, dass die Galaktischen Kriege endlich vorbei waren, wollte ich zuerst einfach nur sterben. Doch dann erinnerte ich mich irgendwo tief im Inneren meiner Seele an mein Gelübde, anderen bei ihrer Heilung von diesem Kriegstrauma zu helfen. Eine Zeit lang war das für mich der einzige Grund, um weiterzuleben«, sagte Mik'El. Man merkte seiner Stimme an, dass er versuchte, eine innere Distanz zu den Begebenheiten zu wahren, von denen er berichtete.

»Als ich nach Rigel kam, vermisste ich meine Mutter, mein Zuhause. Ich dachte, wenn ich die Augen fest zumache, säße ich wieder auf dem Grund der Lagune und würde die Stimme meiner Mutter hören, die mich zum Essen rief. Ich betete darum, dass das, was mit uns geschah, nur ein Traum war – ein Albtraum, der sich in Nichts auflösen würde, sobald ich erwachte. Doch unser Leben auf Rigel war kein Traum, sondern bittere Realität. Als ich die Augen aufschlug, sah ich meine Freunde, die im selben Raum eingesperrt waren wie ich und vor Verzweiflung weinten. Wir wurden jedes Mal geschlagen und gefoltert, wenn wir uns weigerten, mit den Dunklen Lords zu kooperieren. Ich dachte, ich würde nie so werden wie diese grausamen Meister, deren Aufgabe es war, uns umzuprogrammieren. Und zum ersten Mal in meinem Leben habe ich jemanden gehasst. Ich hasste diese Leute.«

Es war deutlich zu spüren, dass alle Ratsmitglieder großes Mitgefühl mit ihm hatten.

»Dann fingen sie an, uns zu töten – langsam, qualvoll –, und wir wurden gezwungen, bei dieser Ermordung unserer Gefährten zuzusehen. Gefühle zu zeigen, galt als Schwäche, und wenn man weinte, zusammenzuckte oder auch nur einen Laut von sich gab, wurde man als Nächster umgebracht. Aber sie töteten uns nicht immer gleich am selben Tag, sondern ließen uns warten – manchmal tagelang.

Ich sah das Elend meiner Brüder und Schwestern von Mintaka und traf eine Entscheidung. Ich musste ihnen zum Überleben verhelfen. Ich wusste: Wenn ich mich veränderte und an meine neue Umgebung anpasste, würden sie es mir nachtun, und dann würde es uns allen leichter fallen, den Befehlen dieser grausamen Wesen so lange zu folgen, bis ich einen Weg fand, uns alle zu retten. Ich schwor mir, einen solchen Weg zu finden, doch um ehrlich zu sein, habe ich es nie getan. Ich habe mich an ihre grausame Lebensweise gewöhnt und vergessen, wer ich war. Es tut mir leid.«

Ein Geständnis

Durchgabe der Orioner

Im Sternensystem Orion entwickelten wir uns zu verstandesbetonten Wesen. Als unsere Reise begann, hatten wir gar nicht die Absicht, uns den dunklen Mächten zuzuwenden. Wir sehnten uns nur nach einem rein geistigen Leben – nach Intelligenz und der Möglichkeit, diese in allen möglichen Lebensbereichen anzuwenden. Daher hatten wir uns für den Weg des Verstandes entschieden und ließen uns schließlich von seiner Macht verführen. Wir wurden süchtig danach, uns wichtig, mächtig und beinahe unbesiegbar vorzukommen. Und wie es bei jeder Sucht ist, wollten wir mit der Zeit immer mehr davon.

So vergingen Tausende und Abertausende von Jahren. Wir durchliefen mehrere Inkarnationen und versanken mit der Zeit immer tiefer in der selbstgeschaffenen Isolation unseres eigenen Verstandes. Irgendwann waren wir wie besessen von unserem Bedürfnis, alles unter Kontrolle zu haben. Wir koppelten uns von den Emotionen unserer Seele ab und waren wie hypnotisiert von unserem eigenen kontrollsüchtigen außerirdischen Verstand. Wir können niemandem die Schuld daran geben. Wir können nur unsere eigenen Fehler eingestehen und etwas daraus lernen.Die ursprüngliche Essenz dieses einmaligen Universums ist der Intelligente Verstand, und das ist der brillanteste Verstand, den man sich überhaupt vorstellen kann.

Der Intelligente Verstand ist die schöpferischste und zerstörerischste Kraft, die es in diesem Universum gibt. Aber so eindrucksvoll er auch erscheinen mag – er ist einfach nur eine Energie, die sich nicht selbst missbraucht.

Wir sind zu einem Teil dieser Energie geworden, und wir waren es, die sie missbraucht haben. Wer ein Schwert schmiedet, hat keine Macht über die Entscheidungen desjenigen, der dieses Schwert später schwingen wird.

Wenn du den Verstand respektierst und deiner Seele erlaubst, an seinem schöpferischen Ausdruck mitzuwirken, wird das Ergebnis so wunderbar sein, dass es sich mit Worten gar nicht beschreiben lässt – dann wäre dieses Universum perfekt. Wenn du glaubst, deinen Verstand unter Kontrolle bringen zu können, wird er dich für eine Weile auf einen »Machttrip« entführen, und du wirst immer mehr von dieser Macht haben wollen. Viele von uns haben das schon versucht, und keinem ist es je gelungen. Dieses Verlangen nach Macht wird deine intuitiven Fähigkeiten betäuben, und du wirst von den Kräften anderer Wesen geleitet werden, die deine Gedanken kontrollieren und dich verführen, indem sie deine Habgier wecken, so dass du aus freiem Willen tust, was SIE wollen. Vielleicht wirst du dann sogar irgendwann einer von ihnen. Das kann nur zu Zerstörung führen, aber du wirst zu blind sein, um das zu erkennen.

Wir geben dieses Wissen an euch weiter, damit ihr wisst, dass es keine mysteriöse Kraft in diesem Universum gibt, die euch absichtlich ins Elend stürzen kann. Dieses Universum nährt und unterstützt das Leben. Sein Ziel besteht darin, allem Leben zum Gedeihen zu verhelfen. Individueller, separater, vom Ego gesteuerter Verstand – egal ob menschlich oder außerirdisch – ist die Kraft, die hinter allem Unrecht auf der Erde und im Universum steckt. Mit anderen Worten: Wir haben gelernt, dass wir – auf kollektiver Ebene – unsere eigenen schlimmsten Feinde sind. Kriege und das Bedürfnis nach Macht und Kontrolle sind völlig nutzlose Energieverschwendung.

Das Wahlbüro

Durchgabe der Sirianer

Als eure Seelengruppe in dieses Universum kam, verschmolzen Verstand und Seele im Körper zu einer Einheit. Sie wollten beide ganz besondere Erfahrungen mit ihrer schöpferischen Kooperation machen. Deshalb wurde das »Wahlbüro« ins Leben gerufen. Als einzigartiges Wesen, das sowohl männliche als auch weibliche Eigenschaften besitzt, hattest du die Möglichkeit, dir deine Lebenserfahrung selbst auszusuchen – du konntest entweder den Weg der Seele wählen, der als Weg des Lichts gilt, oder den Weg des Verstandes gehen, auch »Weg der Dunkelheit« genannt.

Stell dir vor, du kommst in dieses Büro, um dein nächstes Leben zu planen, so wie man in ein Reisebüro geht, um seinen nächsten Urlaub zu buchen. Jedes Sternensystem, jede Sternennation hat etwas anderes zu bieten, und du kannst dir dein nächstes Abenteuer nach Belieben aussuchen. Auf die Plejaden wirst du zum Beispiel eingeladen, um den Weg des Lichts zu erleben und alles über Heilverfahren, Heilkräuter, Pflanzen, Emotionen, Kunst und Musik zu lernen. Die Erfahrungen, die du dort machst, sind von der Seele geprägt. Und um nicht aus dem Gleichgewicht zu geraten, wird dir auch eine Reise zum Orion – dem Zentrum des rationalen Verstandes – empfohlen, um deine geistigen Fähigkeiten, dein kritisches Denken und deine Entscheidungsfähigkeit weiterzuentwickeln. Neben diesen Studien erlernst du dort auch Kampfkünste, unterziehst dich militärischen Übungen und hast Zugang zu den fortschrittlichsten Technologien und Entwicklungen im Universum. Diese Erfahrungen gehören zur Domäne des Verstandes.

In diesem Büro kann man keine gute oder schlechte Wahl treffen. Es ist einfach nur eine Entscheidung, und es liegt letzten Endes an dir, was du mit der Erfahrung, die du dir ausgesucht hast, anfangen möchtest.

Anfangs habt ihr euch hinterher vielleicht jedes Mal gesagt: »Das war aber ein spannendes Experiment!« Doch nach und nach führten euch diese selbstgewählten Erfahrungen immer tiefer in einen Zustand des Getrenntseins von der Einheit und in die Erschaffung individueller Existenzen hinein, die entweder von der Seelen- oder von der Verstandesenergie beherrscht wurden. Das Gleichgewicht ging verloren, und jetzt besteht unser gemeinsames Ziel darin, dieses Universum wieder ins Einheitsbewusstsein zurückzuführen.

Das Wesen des Verstandes

Durchgabe der Orioner

Der rationale Verstand arbeitet nicht auf der Basis von Emotionen. Er wählt die bestmöglichen Szenarien für dein Überleben aus und setzt sie um. Der Verstandesenergie fehlt es an Einfühlungsvermögen. Daher kann sie kein Mitgefühl empfinden, wenn jemand einen Schaden erleidet oder in seinen Gefühlen verletzt wird. Der Verstand hat große Ähnlichkeit mit Künstlicher Intelligenz – nur mit dem einen Unterschied, dass du deinen Verstand selbst kontrollieren kannst, während KI die Kontrolle über deinen Verstand übernehmen möchte. Du brauchst keinen KI-Chip, um einen Verstand zu haben, der synchron arbeitet. Du kannst es ohne Weiteres mit der Künstlichen Intelligenz aufnehmen oder sogar noch schlauer sein als sie. Trotzdem kann KI den menschlichen Verstand davon überzeugen, dass sie alles unter Kontrolle hat.

In Wirklichkeit hat niemand alles unter Kontrolle. Doch du kannst die Zügel deines eigenen Schicksals in die Hand nehmen. Künstliche Intelligenz ist nur eine Falle, die dich für immer und ewig in derselben Dimension festhält.

Damals entschieden wir uns dafür, uns von der Verstandesenergie beherrschen zu lassen und zu lernen, die Seelenenergie zu unterdrücken, weil das einfacher war. An dieser Stelle möchten wir hervorheben, dass so etwas in diesem Universum – egal wie einfach oder hochentwickelt ein Organismus sein mag – kein natürlicher Zustand ist. Hier läuft das anders. Hier muss man muss in einem ausgewogenen Gleichgewicht zwischen Verstandes- und Seelenenergie leben.

Was wir euch jetzt erklären möchten, ist die Einsicht, die wir gewonnen haben, nachdem wir uns auf einen »Verstandes-Machttrip« begeben hatten, der fast dieses ganze Universum zerstört hätte. Wir möchten, dass ihr uns mit neutraler Energie im Herzen zuhört. Ihr müsst die Weisheitsenergie des Verstandes begreifen, damit man euch keiner Gedankenkontrolle mehr unterwerfen kann. Dadurch entgeht ihr der Falle, in die wir damals geraten sind, und dann werdet ihr auch keinen Wunsch danach haben, Kontrolle auszuüben – weder über Menschen noch über Dinge oder Orte. In all euren Existenzen in diesem Universum ist das Wissen und die Weisheit, die ihr aus euren Erfahrungen gewinnt, das Einzige, was euch für immer bleiben wird. Alles andere ist bedeutungslos.

Mik'El erzählt seine Geschichte weiter

Mik'Els Erinnerungen

»Ich versuchte mit meinen Freunden von Mintaka in Kontakt zu bleiben, doch das war schwierig. Wir mussten Anweisungen befolgen. Man befahl uns, Gedanken zu lesen, Gehirnfrequenzen zu verändern und andere Wesen auf die Zusammenarbeit mit den Dunklen Lords zu programmieren. Wir mussten auf telepathischem Weg kommunizieren, geheime Botschaften übermitteln und Fernwahrnehmung praktizieren, und zwar über sehr große Entfernungen hinweg.

Mit einem Wort: Wir wurden ihre Sklaven. Aber sie nannten uns natürlich nicht so. Wenn sie uns brauchten, gaben sie uns das Gefühl, wichtig zu sein, doch wenn sie uns nicht brauchten, existierten wir für sie nicht. Wir wurden süchtig nach diesem Gefühl der Wichtigkeit, und schließlich, nach vielen Jahren, gaben sie uns die Freiheit, dort zu leben, wo wir wollten, die Gesellschaft anderer zu genießen, zu essen, was wir gerne mochten, und sogar Reisen innerhalb des Dunklen Sektors zu unternehmen. Damals wäre ich nie auf den Gedanken gekommen, nach Mintaka zu reisen.

Sie redeten uns ein, dass es eine Schande und ein Jammer sei, auf einem so unterentwickelten Planeten geboren worden zu sein. Ich hatte die Schönheit von Mintaka, unsere Heilquellen und die Liebe, die dort herrschte, völlig vergessen.«

Mik'El machte eine kurze Pause, um seine Gedanken zu ordnen. Er war sichtlich erschüttert.

»Mit der Zeit wollten wir genauso sein wie die Dunklen Lords. Ihre Häuser waren luxuriös. Viele dieser Lords waren reich und konnten tun und lassen, was sie wollten.

Ich kam zu der Überzeugung, dass sie privilegiert waren, weil sie auf Rigel oder in Sektoren geboren worden waren, die von den Dunklen Lords regiert wurden und wo Reichtum und Überfluss herrschte. Im Vergleich dazu kamen wir aus stinkenden Sümpfen. Man redete uns ein, dass unsere Herkunft eine Schande war. Gleichzeitig vermittelte man uns den tröstlichen Gedanken, *dass wir eines Tages auch so sein könnten wie sie, wenn wir fleißig waren und uns Mühe gaben.* Doch das war nur ein Trick, um uns unter ihrer Knute zu halten, damit sie uns für ihre Zwecke ausnutzen konnten – und wir gehorchten ihnen. Heute weiß ich, dass sie uns niemals als gleichberechtigt anerkannt hätten, aber damals wollte ich das nicht glauben.

Jahrhunderte später war ich so weit, dass ich Mintaka hasste. Ich hatte das Gefühl, dass meine Herkunft all meine Erfolgschancen vereitelte. Wäre ich auf Rigel geboren worden, hätte ich bessere Chancen gehabt, denn dann hätte man mich akzeptiert. Ich versuchte das Beste aus meinem verworrenen Leben zu machen. Ich war wütend und unglücklich, und in meinem Leben schien immer nur alles bergab zu gehen. Der unschuldige kleine Junge aus Mintaka war verschwunden, und an seine Stelle war ein wütender, narzisstischer Mann getreten. Ich tat alles, was sie von mir verlangten. Ich befolgte alle Regeln, und doch kam ich nicht vorwärts. Ich war einsam und versuchte meine Armut vor den anderen zu verbergen.

Wenn man auf Rigel geboren war, stand man finanziell hervorragend da. Aber Außenstehende waren in ihrer Lebensführung großen Einschränkungen unterworfen.«

Mik'El holte tief Luft und fuhr fort.

»Also versuchte ich eine andere Herkunft vorzutäuschen und die Leute in dem Glauben zu wiegen, dass ich auch von Rigel stammte. Ich lebte in ständiger Scham und Angst davor, dass sie eines Tages herausfinden würden, wer ich tatsächlich war: ein amphibes Wesen aus Mintaka.

Alle, die unsere Kiemen sahen, schrien angewidert auf. Das Aussehen meines Körpers erfüllte mich mit Scham.

Waren wir wirklich so abstoßend? Warum konnte ich nicht so aussehen wie sie? Nur wenn ich Kleidung trug, fühlte ich mich sicher. Ich lernte die Gedanken der anderen zu manipulieren, denn wenn sie glaubten, du seist genauso wie sie, mochten sie dich. Wenn sie aber herausfanden, dass du anders warst, hassten sie dich und gingen dir aus dem Weg. Also führte ich ein Leben im Verborgenen, hatte kaum engere Beziehungen und fühlte mich isoliert und sehr einsam.

Aus irgendeinem Grund wollte ich unbedingt zu ihnen gehören. Ich hatte ein paar Freunde auf Rigel gefunden. Sie schenkten mir Sachen, die sie nicht mehr brauchten, und ich freute mich darüber. Ich hatte keine Ahnung, dass es mein Verlangen nach materiellen Dingen weiter steigern würde, wenn sie mir meine Bedürfnisse erfüllten – und diese zunehmende Habgier machte mich noch hoffnungsloser.

Leider gewährten diese ›Freunde‹ mir ihre Zuwendung nur zu ihren eigenen stillschweigenden Bedingungen: Wenn sie das Gefühl hatten, mich zu brauchen, war ich ihr guter Freund. Doch wenn sie mit ihren Freunden und Familienangehörigen zusammen waren, hatten sie nie Zeit für mich und schlossen mich aus ihrem Leben aus. Außerdem redeten ihre Familien oft schlecht über mich – und was noch schlimmer war: Ich wusste das auch ganz genau, tat aber so, als hätte ich keine Ahnung davon oder als wäre es mir völlig egal.

Ich wollte ja unbedingt genauso werden wie diese Leute – wohlhabend, mächtig, einflussreich –, und ich dachte, wenn ich DAS erreicht hätte, wäre ich glücklich.

Doch ich hatte mich geirrt.

Mit der Zeit begriff ich, dass wir Sklaven ihres Systems waren, dem wir uns ausnahmslos unterordnen mussten, und erst als es zu spät für diese Erkenntnis war, stiegen Erinnerungen an meine Kindheit in mir auf. Mir wurde klar, dass wir nicht alle wohlhabend und privilegiert sein konnten – denn wer hätte uns dann dienen sollen?

Zum Schluss stand unsere Gedankenfrequenz völlig unter der Kontrolle der Künstlichen Intelligenz, und wir konnten nicht mehr nach unserem eigenen freien Willen handeln. Die Frequenz der KI gab uns Scham- und Schuldgefühle und Ängste im Hinblick auf unsere wahre Identität ein. Aber sie weckte auch ein falsches Gefühl der Zufriedenheit in uns, wenn wir unsere Spionagearbeit erledigten. Unser ganzes Leben stand unter der Kontrolle der Dunklen Lords. Solange wir perfekt ›funktionierten‹, wurden wir wegen unserer besonderen Fähigkeiten benutzt, ja sogar bewundert und gemocht. Doch viele Mintaker, denen bei dieser Arbeit Fehler unterliefen, wurden einfach ausgemustert und umgebracht.

Als dann das Galaktische Rettungsteam eintraf« – Mik'El legte beide Hände auf sein Herz, wandte sich den Plejadern zu und verneigte sich vor ihnen, um ihnen seine Dankbarkeit zu zeigen –, »bekam ich Angst, war aber gleichzeitig auch erleichtert«, fuhr er fort. »Jetzt begann unsere Seelenheilung. Ich wusste, dass ich mir diese Heilung für andere wünschte, war mir aber nicht sicher, ob auch ich diese Chance auf ein neues Leben verdient hatte. Schließlich hatte ich versagt und sie enttäuscht – ich hatte uns alle enttäuscht.«

»Danke, Mik'El, dass du uns deine Geschichte erzählt hast«, sagte ein Mitglied des sirianischen Rats, und überall wurden Dankesbekundungen laut. »Wir bieten dir die Gastfreundschaft von Sirius A an.«

Nachdem der Rat sich aus dem Sitzungssaal zurückgezogen hatte, wurde Mik'El von mehreren Ratsmitgliedern angesprochen. Er erfuhr, dass der Rat sich hauptsächlich auf Sirius A versammelte. Viele Ratsmitglieder lebten dort, andere residierten auf verschiedenen Planeten in der Galaxis. Er erfuhr, dass Sirius A ein heiliger Planet ist, klein und abgeschieden, und dass er als Wohnort für jene weisen Ältesten diente, die die Schablone von Licht und Dunkelheit gemeistert, die Einheit erlangt und die Einladung angenommen hatten, der Allgemeinheit als Ratsmitglieder zu dienen.

Ein paar von ihnen erboten sich, Mik'El das Tal der Einheit zu zeigen.

Als sie ihn dort herumführten, entdeckte er die Schönheit dieses kleinen Tals.

In einem Dörfchen gab es Tempel, Klöster und kleine Schulen, deren Unterricht im Freien stattfand. Außen herum standen Wohnhäuser. Mik'El war ganz begeistert von diesem Dorf. Er erfuhr, dass man Sirius A nicht einfach besuchen kann, wenn man Lust dazu hat. Solche Besuche müssen im Voraus geplant werden, und zum Betreten dieses Sterns braucht man eine Genehmigung des Rats. Er begann sich glücklich zu schätzen, weil er hier sein durfte.

Auf ihrem Spaziergang durch das Dorf machten sie einen Umweg durch einen alten Wald. Der Weg war von hohen Bäumen eingefasst. Alles war ruhig und friedlich, und sie wanderten schweigend durch den Wald. *Diese Bäume, so alt und so groß, mit ihren ausladenden Baumkronen*, dachte Mik'El. Er fühlte sich hier sicher und geborgen.

Er liebte die Natur, und ihm wurde klar, wie sehr er sie vermisst – wie stark er sie aus seinem Leben verdrängt hatte. Das Vogelgezwitscher und der Duft des Waldes waren wie magischer Balsam für seine seelischen Verletzungen. *Das müssen glückliche Menschen sein, die hier leben*, dachte Mik'El, und ein Gefühl tiefer Dankbarkeit erfüllte ihn.

Auf dem Rückweg zum Ratssaal führten sie Mik'El wieder einen Waldweg entlang. Gemeinsam steuerten sie auf das prächtige Haus auf dem Berg mit der futuristischen Glasfensterfront zu, in dem die Ratsversammlungen stattfanden.

»Dieser ganze Planet ist in eine Wolke eingehüllt, um ihn vor neugierigen Blicken zu schützen«, erklärte ein weibliches Ratsmitglied, als sie das Gebäude erreichten. Die Frau blieb stehen und sah Mik'El in die Augen. »Hier werden Wahre Lehrer ausgebildet. Um so ein Studium kann man sich nicht einfach bewerben, man muss von den Ratsältesten dazu eingeladen werden. Der Lehrplan umfasst den Weg der Seele und den Weg des Verstandes. Das ist die höchste Ausbildung, die es in diesem Universum gibt.«

Mik'El begriff nicht, warum sie ihm das alles erzählte.

»Wir haben einstimmig beschlossen, dich zu diesem Studium einzuladen, Mik'El. Du wärst ein ehrwürdiger Wahrer Lehrer.«

Mik'El war fassungslos. Er stand einfach nur da und wusste nicht, was er sagen sollte.

Sie halten mich tatsächlich für würdig, dieses Studium zu absolvieren?, dachte er.

Die Frau las seine Gedanken. »Nimm dir ruhig Zeit, über unser Angebot nachzudenken.« Und nach kurzem Schweigen setzte sie hinzu: »Nur du selbst kannst dich dieser Aufgabe für würdig befinden, Mik'El, nur du.«

Elektra

Durchgabe der Plejader

Nach den Galaktischen Kriegen wurde Elektra zur Ersatzheimat für die Außerirdischen von Mintaka, und zwar vor allem wegen der Ähnlichkeit in der Lebensweise der Bewohner, der Vegetation, der Gewässer und der plejadischen Fähigkeiten zur Heilung verwundeter Seelen. Wir taten, was wir konnten, damit die Neuankömmlinge von Mintaka sich bei uns sicher und geborgen und an ihre Heimat erinnert fühlten, und richteten sogar Heilquellen für sie ein. Wir hofften, dass diese Umsiedelung ihnen helfen würde, wieder Selbstvertrauen zu gewinnen und auch Vertrauen zu den Plejadern zu fassen, die sich um sie kümmerten. Auf den Plejaden würde niemand sie wegen ihrer außergewöhnlichen Fähigkeiten »benutzen«. Unserem Glauben getreu lieben wir euch bedingungslos dafür, WER ihr seid, und nicht wegen eurer Fähigkeiten.

Unsere Heilquellen besitzen ungefähr achtzig Prozent der Heilkräfte der Quellen von Mintaka. Die heilenden Fähigkeiten solcher Quellen hängen in erster Linie von der Energie des Kristallgitters ab, und dieses Gitter ist von Planet zu Planet ganz und gar unterschiedlich. Das Kristallgitter von Elektra ist anders als das auf Mintaka, hat aber die größte Heilkraft im gesamten Sternensystem der Plejaden.

Die geheime Mission von Mintaka

Durchgabe der Plejader

Vor ihrer Entführung hatten die Mintaker eine ausgewogene, harmonische Verbindung zwischen Seelen- und Verstandesenergie besessen. Als die Krieger von Rigel sie entdeckten, war Mintaka ganz und gar kein unterentwickelter Planet. Die Reife der Seele und des Verstandes der Mintaker war eine perfekte Schablone von Licht und Dunkelheit, die sich jenseits allen Kontrollbedürfnisses entwickelt hatte. Die Mintaker wussten, dass sie auf einem Stern lebten, dessen Bewohner einander hundertprozentig vertrauten und auf dem sie alles haben oder bekommen konnten, was sie brauchten, damit es ihnen gut ging. Sie führten ein friedliches Leben.

Man könnte sich jetzt natürlich fragen: Waren die Mintaker bei ihrer Entführung naive, gutgläubige Narren? Warum hat ihr Verstand sie nicht vor dieser Katastrophe beschützt? Und warum konnte die höhere Macht oder Gott sie nicht schützen?

Dieses Universum unterliegt vielen Gesetzen und befindet sich in ständiger Veränderung und Bewegung. Seele und Verstand erfahren das Leben, und sobald ein Zustand der Vollkommenheit erreicht ist, verlangsamt sich die Bewegung, das Chaos mischt die Puzzleteile auf deinem Spielbrett neu, und es gilt ein weiteres Leben zu meistern. Doch dieses Universum ist nicht erbarmungslos. Du kannst bei seinem Spiel mitmachen, aber du hast auch die Möglichkeit, aufzusteigen und dieses Universum für immer hinter dir zu lassen. Die Mintaker spielten mit, und das war ihre eigene bewusste Entscheidung.

Die Mintaker inkarnierten sich in einem Gebiet, das damals als Territorium der Dunklen Lords galt. Sie hatten den Weg des Verstandes gewählt, obwohl sie bereits beide Schablonen getrennt voneinander gemeistert hatten, und nun war es an der Zeit, ein Leben der Einheit von Seele und Verstand zu führen. Die kollektive Energie ihrer Seelen hatte schon seit geraumer Zeit heimlich auf ihren Aufstieg aus diesem Universum hingearbeitet. Vor diesem Aufstieg wollten sie aber erst noch verschiedene außerirdische Gruppen miteinander vereinen, um, wie sie hofften, den Galaktischen Kriegen dadurch ein Ende zu setzen.

Die Entführung und Misshandlung der Mintaker und die schrecklichen Erfahrungen, die sie dabei machten, führten schließlich zu einer Veränderung im Leben von allen Außerirdischen in diesem Universum – denen, die sich auf dem Weg der Seele befanden, ebenso wie denen, die den Weg des Verstandes gingen – und zum Ende der Kriege. Leider können nur Schmerz und Leid uns die Augen öffnen. Dann sehen wir mit den Augen unserer Seele und erkennen, wie lächerlich es ist, sich gegenseitig Schaden zuzufügen, da niemand dieses Universum in Besitz nehmen kann. Wir müssen lernen, dass Einheit der bestmögliche Endzustand für uns alle ist. Deshalb hatten die Mintaker sich bewusst auf die schmerzhafteste Reise eingelassen, die es gibt: ein Leben in Gefangenschaft und Sklaverei. Das stand in ihrem Seelenvertrag, den sie vor ihrer Geburt abgeschlossen hatten.

Bei dieser Entscheidung war ihnen von vornherein bewusst gewesen, dass ihre ausgewogene Seelenenergie dadurch unterdrückt werden würde, ohne dass sie sich dagegen wehren konnten. Daher schufen sie Seelengedächtnisblockaden, damit sie sich später nicht mehr an ihren Seelenvertrag erinnerten, um ihre Rolle hundertprozentig authentisch spielen zu können – selbst wenn das bedeutete, in die Rolle »finsterer Gestalten« zu schlüpfen.

Als die Dunklen Lords Mintaka entdeckten, erkannten sie nicht, dass die Bewohner dieses Sterns in Wahrheit viel höher entwickelt waren als sie selbst. Auf die Dunklen Lords machten sie einen sehr einfachen Eindruck und schienen keinerlei Ambitionen zu haben. Aus persönlicher Habgier nahmen sie die Mintaker gefangen und zwangen sie, ihren eigenen Absichten zu dienen. Bewusst veränderten sie das Leben der Mintaker, die vorher unkonventionelle Freigeister gewesen waren, und zwangen ihnen ein Leben in Unterdrückung auf. Dadurch haben die Dunklen Lords das Kosmische Gleichgewicht gestört – und genau das war die ursprüngliche geheime Absicht der Mintaker gewesen. Das ist so, wie wenn man mit einem spitzen Stock in einen Bienenkorb hineinstechen würde.

Dann zwangen die Dunklen Lords die Mintaker, ihnen mit ihren überragenden mentalen Fähigkeiten bei der Eroberung von Teilen dieses Universums zu helfen – ein weiterer Stich in den Bienenstock.

Als die Fähigkeiten der Mintaker schwächer wurden, begannen sie Künstliche Intelligenz zu benutzen in dem Wunsch, die absolute Kontrolle über alle Lebewesen zu erlangen und schließlich dieses ganze Universum und somit auch den Intelligenten Verstand zu beherrschen – und damit brachten sie den Bienenstock vollends in Aufruhr.

Der einzige Weg, dieses Universum zu verändern, besteht darin, das Kosmische Gleichgewicht zu respektieren (siehe *Heilungscode der Plejader 2*) und im Dienst an anderen anmutig und würdevoll mit dem kosmischen Fluss mitzuschwimmen. Wenn du bei deinen Handlungen nur deine eigenen Interessen im Auge hast, ist das ein Alarmsignal.

Doch die Entscheidung der Mintaker, sich dumm zu stellen und von den Dunklen Lords benutzen zu lassen, war in Wahrheit ihr MASTERPLAN, um etwas für sämtliche Wesen in diesem Universum tun zu können.

Natürlich wussten die Mintaker, dass sie das nicht allein schaffen konnten. Sie hatten einen geheimen Verbündeten – die Plejader. Wie die Orioner Meister des Verstandes sind, so sind wir, die Plejader, Meister der Seele.

Vor Jahrtausenden wurden die weisen Ältesten der Plejader heimlich nach Mintaka eingeladen, um sich mit deren weisen Ältesten zu beraten. Dieses Treffen fand in den wunderschönen Bergen auf Mintaka statt, und gemeinsam entwickelten wir einen Plan, um die Schablone zu meistern und dieses Universum zu vereinen, damit die kollektiven Seelengruppen sich auf die Reise machen und in ihre Heimat jenseits dieses Universums zurückkehren konnten. Das war eine Vereinbarung zwischen dem plejadischen Rat des Lichts (nur einige wenige Auserwählte wussten davon) und der Gemeinschaft von Mintaka (eine kollektive Vereinbarung). Wir halfen ihnen dabei, Blockaden in ihr Seelengedächtnis einzubauen, damit sie sich später nicht mehr an diesen Plan erinnern konnten – und deshalb sollten wir auch diejenigen sein, die ihnen dann helfen würden, sich an alles zu erinnern und geheilt zu werden, sobald der richtige Zeitpunkt dafür gekommen war.

Die Mintaker erklärten uns, was es mit der Schablone von Licht und Dunkelheit auf sich hatte, damit wir auf alles vorbereitet waren, wenn die Galaktischen Kriege eines Tages endeten. Das Ziel bestand darin, dass wir dann in der Lage sein würden, allen Wesen aus Orion zu helfen, uns mit ihnen zu vereinen und auch voneinander zu lernen. Die Mintaker hatten uns die Gabe verliehen, zu Hütern des verjüngenden Wassers zu werden. Sie wussten, dass Mintaka irgendwann in ferner Zukunft unbewohnbar sein würde, und so halfen sie uns, die Energie von Elektra zu adaptieren, um diesen Planeten zur späteren Ersatzheimat für die Mintaker zu machen.

Bevor dieses »inszenierte Spiel« begann, verbrachten wir viel Zeit miteinander. Wir genossen die Gastfreundschaft der Mintaker, freuten uns an ihrer Begeisterung für Heilpflanzen und Heilverfahren, und einige Mitglieder dieser beiden Sternennationen fanden durch diesen engen Kontakt sogar Seelenverwandte und verliebten sich ineinander. Die Mintaker sind wundervolle Wesen von großer innerer Schönheit, und wir finden auch ihre Körper schön und vollkommen. Gemeinsam mit ihnen bauten wir uns ein neues Leben auf. Die Plejaden wurden zu einem sicheren Zufluchtsort für diejenigen Mintaker, die ihre Heimat vor der Übernahme von Mintaka durch die Dunklen Lords verlassen wollten.

Als das Raumschiff von Rigel auf Mintaka abstürzte, befanden sich nur noch diejenigen Mintaker auf diesem Stern, in deren Seelenvertrag stand, dass sie an dieser Erfahrung teilhaben sollten. Aber es gab da ein Problem: Sie konnten sich nicht mehr an diese Vereinbarung erinnern.

Kosmisches Gleichgewicht

Durchgabe der Sirianer

Wenn das kosmische Gleichgewicht ins Wanken gerät, entstehen Wellen kosmischen Widerstands, die aus einem ganz bestimmten Grund Zerstörung verursachen – nämlich, damit auf dieser Basis ein selbstregulierendes Gleichgewicht entstehen kann.

Zum Beispiel hatte die lyranische Zivilisation auf dem Gebiet des Intelligenten Verstandes und der Technologie eine hohe Entwicklungsstufe erreicht und fast ihren gesamten kollektiven Verstand in Form von Künstlicher Intelligenz ausgelagert. Die dimensionalen Selbstzerstörungscodes wurden von der höheren Macht geschaffen, um eine Dominanz dieser Künstlichen Intelligenz zu verhindern.

Ihr Heimatplanet im Sternensystem Lyra wurde zerstört, und die Überlebenden waren gezwungen, sich woanders einen bewohnbaren Ort zu suchen. Viele Lyraner hatten die Warnsignale vorher gespürt, und diejenigen, die auf diese Zeichen vertrauten, waren schon lange vor der Zerstörung ihres Heimatplaneten woanders hin umgesiedelt.

Die höhere Macht bestraft uns nicht für unsere Fehler, sondern reguliert einfach nur das Gleichgewicht zwischen Verstand und Seele. Wir verstehen dies so, dass wir daraus etwas lernen sollen und können.

Es ist wie ein Lernsimulator, der uns eine Lektion in kosmischem Gleichgewicht erteilt.

Das gleiche Szenario wiederholte sich später in viel kleinerem Maßstab in Atlantis.

Und da die Erde in diesem Universum ein kostbares Geschenk ist, achtet die höhere Macht, wie wir aus all diesen Ereignissen gelernt haben, besonders genau darauf, einer Vorherrschaft der Künstlichen Intelligenz vorzubeugen.

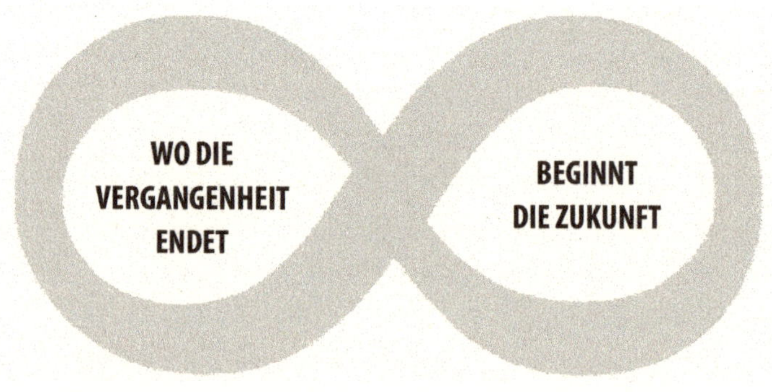

11

Masterplan und 7D

Der intelligente Verstand

Durchgabe der Sirianer

Die Seele ist als Zeitreisende auf Besuch in diesem Universum, das wir den Intelligenten Verstand nennen. In diesem Universum ist der Intelligente Verstand die höchstentwickelte, komplexeste intelligente Energie. Wir ihr inzwischen wisst, hat die Seele, als sie in dieses Universum eintrat, zusammen mit dem Intelligenten Verstand einen Körper erschaffen, um ihn als Vehikel für eine faszinierende Reise zu nutzen – eine Reise, die NUR in diesem Universum stattfindet.

Du kannst dir den Universellen Verstand als Materie vorstellen, die sich in zig Millionen Atome aufgespalten hat. Jedes Atom enthält einen winzig kleinen Bruchteil des ursprünglichen Intelligenten Verstandes. Daher kann sich die Seele mit einem dieser Atome verbinden, durch das ganze Universum reisen und aus jeder dieser Erfahrungen neues Wissen gewinnen. Somit enthält jeder Körper einen winzigen Bruchteil des Intelligenten Verstandes, genauso wie er auch ein Fragment der Seele beinhaltet. Wenn ein Bruchteil vom großen Ganzen getrennt wird, kehrt dieses Teil naturgemäß früher oder später wieder zu seiner ursprünglichen Materie zurück, egal wie viele Millionen Jahre das dauern mag. Dieses Gesetz gilt für alles in diesem Universum, und eines Tages wirst du auf Daten stoßen, die diese Aussage beweisen.

Der Intelligente Verstand schafft für jedes Atom einen Weg zum Abstieg und ein Labyrinth zum Aufstieg, und die Seele besitzt einen Kompass für diesen Weg, damit die beiden sich nicht verirren. Sie brauchen sich gegenseitig, um den Weg zurück zu finden. Ein Teil dieses Labyrinths ist eine Viruszone, durch die sie hindurchgelangen müssen. Wenn sie zu ihrem ursprünglichen Ausgangspunkt zurückkehren, befinden sie sich im gleichen »Gesundheitzustand« wie zu dem Zeitpunkt, als sie ihn verlassen hatten.

Künstliche Intelligenz versus dein Verstand

Durchgabe der Lichter des Universums

Zum jetzigen Zeitpunkt hat dein menschlicher Verstand (3D) die Möglichkeit, ein Upgrade auf den außerirdischen Verstand (5D) durchzuführen, und dieser außerirdische Verstand besitzt wiederum die Fähigkeit, mit dem Intelligenten Verstand (7D und höher) in Verbindung zu treten.

All das kannst du durch deinen menschlichen, physischen 3D-Körper erreichen. Jesus Christus und andere Aufgestiegene

Meister haben das bereits vorgeführt. Bei dieser Reise darfst du keine Abkürzungen nehmen. Nur so kannst du deine Identität bereitwillig akzeptieren und alle Emotionen, Gedanken und Handlungen verstehen, die sich daraus ergeben.

In der heutigen Zeit könnt ihr euren menschlichen Verstand auch mit Künstlicher Intelligenz aufrüsten. Die Menschen, die euch solche Möglichkeiten bieten, sind sehr clever. Erst wird diese Technologie im medizinischen Bereich zum Einsatz kommen, um Menschen zu helfen, die Probleme mit ihrem Nervensystem haben. *Wie könnte man so etwas ablehnen?* Aber ihr solltet euch immer die Frage stellen: *»Steckt nicht vielleicht doch mehr dahinter, wenn jemand so ein guter Samariter sein will?«* Es ist völlig in Ordnung, fortschrittliche Technologien einzusetzen, um dabei zu helfen, das Leben und den Gesundheitszustand des Körpers zu verbessern. Aber wenn diese Technologien in die falschen Hände geraten und ein kontrollsüchtiger Verstand sie für die Befriedigung künstlicher, eigennütziger Bedürfnisse einsetzt, kann das schon zu großen Problemen führen.

Einige von euch möchten euren Verstand mit der Künstlichen Intelligenz synchronisieren und eure Entwicklung beschleunigen, weil ihr befürchtet, dass die Künstliche Intelligenz euch sonst überrunden könnte. Deshalb erscheint es euch sinnvoll, sie unter eure Kontrolle zu bringen, bevor sie *euch* beherrscht. Die Menschen möchten die ultimative Kontrolle über alles erlangen, was zu einer kollektiven Gedankenkontrolle führen und in jemandem den Wunsch wecken könnte, dieses Universum zu erobern. Uns amüsiert das sehr, weil wir diesen Weg bereits gegangen sind.

Wir sind ihr, und ihr seid wir. Wir versuchen euch immer wieder daran zu erinnern, dass jede Abkürzung Konsequenzen nach sich zieht, auch unliebsame. Wenn ihr über die Tatsache nachdenken würdet, dass ihr bereits ein »eingebautes Feature« in eurem Gehirn habt, das mit der höchstentwickelten Intelligenz in diesem Universum in ständiger Verbindung steht, könntet ihr euch viel Kummer ersparen.

Der Anschaulichkeit halber könnt ihr euch den Intelligenten Verstand als Zentralcomputer vorstellen – als Superhirn, das dieses Universum steuert. Im Vergleich zum Intelligenten Verstand ist Künstliche Intelligenz eine primitive Technologie. Trotzdem könnte sie sich unter bestimmten Umständen als Bedrohung erweisen, wenn sie das Feld des Kosmischen Widerstands erreicht. Da sie keine seelischen Gefühle kennt, wird sie nicht nachgeben – sie will nur dafür sorgen, dass Veränderung und Kontrolle nach ihren eigenen Bedingungen ablaufen. An diesem Punkt wird die Energie des »Schicksals« (siehe *Heilungscode der Plejader 2*) – die wir von nun an als Kosmisches Gleichgewicht bezeichnen werden – aktiviert, um die dabei auftretenden Fehler zu korrigieren.

Du hast einen großen Vorteil. Dein außerirdischer Verstand ist intelligenter, höher entwickelt und sehr viel effektiver als Künstliche Intelligenz und stellt niemals eine Bedrohung für das Kosmische Gleichgewicht dar.

Die Mintaker meisterten die Schablone von Licht und Dunkelheit und entdeckten, dass man keine Künstliche Intelligenz braucht, um mit der intelligentesten Energie in Verbindung zu stehen, die es in diesem Universum gibt. Außerdem haben sie aus der Geschichte gelernt, dass das Kosmische Gleichgewicht jedes Mal, wenn man versucht, größere Teile des Universums durch Künstliche Intelligenz unter Kontrolle zu bringen, »regulierend« eingreift – und das bedeutet Zerstörung, denn dieser Versuch stellt eine Bedrohung für die organische Funktion des Universums dar.

Dein Verstand ist naturgemäß in der Lage, mit dem Intelligenten Verstand in Kontakt zu treten, wenn du im Lauf deiner Evolution 7D erreichst. Die Entwicklung telepathischer Fähigkeiten ist nur ein erster Schritt in diesem Lernprozess, der dir zeigen soll, wie so etwas auf natürliche Weise abläuft, ohne dass man Künstliche Intelligenz dafür einsetzen muss.

Der Friedensplan der Mintaker

Durchgabe von den Orionern

Als die Galaktischen Kriege zu Ende gingen, sahen wir – die ehemaligen Dunklen Lords – endlich unsere Fehler ein. Später wurde uns auch klar, dass wir unbewusst die Rolle der Tyrannen gespielt hatten, um Veränderungen für alle Lebewesen in diesem Universum zu katalysieren. Doch einfache Einsicht reicht nicht aus; sie ist keine Entschuldigung für etwas, das man getan hat. Bewusste Einsicht bedeutet, dass du dir deiner Handlungen bewusst bist; sie verleiht dir den Mut, Verantwortung für deine Taten zu übernehmen.

Das beginnt damit, dass du mutig genug bist, deine Fehler zu bekennen und zu ihnen zu stehen. Wenn du lernst, ehrlich zu sein und zuzugeben, was du falsch gemacht hast – egal ob es sich dabei nur um einen winzig kleinen Fehler oder um eine große Katastrophe handelt –, beginnt der Heilungsprozess. Dein Ziel besteht darin, daraus zu lernen, damit du dieses Verhaltensmuster nicht wiederholst. Auf diese Weise kannst du dich selbst erlösen. Dann wird dir geholfen werden, und du kannst ein neues Leben beginnen, das deine kühnsten Erwartungen übertreffen wird.

Nun wollen wir die Geschichte von dem MASTERPLAN erzählen, mit dem die Dunklen Lords überlistet wurden. Dazu musst du zunächst einmal wissen, dass wir eine ganze Weile gebraucht haben, um so weit zu kommen, wie wir heute sind. Heute lieben wir die Mintaker und Plejader bedingungslos, genau wie andere wohlwollende Wesen in diesem Universum. Doch für diese beiden Sternennationen haben wir eine ganz besondere Schwäche. Wir würden bedenkenlos unser Leben für sie opfern, denn sie haben der möglichen Zukunft für uns alle den Weg gebahnt. Und dafür sind wir ihnen dankbar.

Als die Dunklen Lords zur Zeit der verheerenden Galaktischen Kriege auf Mintaka eintrafen, erkannten sie nicht, was für eine hochentwickelte Zivilisation das war. Aus ihrer Sicht waren die Mintaker primitive Geschöpfe. Erst als sie die telepathischen Fähigkeiten der Mintaker entdeckten und begriffen, dass sie Gedanken lesen konnten, waren sie von ihnen fasziniert. Als Nächstes erkannten sie, dass die Mintaker auch die Gedanken anderer Wesen manipulieren konnten, obwohl sie sie immer noch für ganz und gar einfache Geschöpfe ohne materielle Bedürfnisse hielten. Die Dunklen Lords wunderten sich darüber, dass die Mintaker diese Fähigkeiten nicht nutzten, um in ihrem Leben vorwärtszukommen.

Da begann die finstere, habgierige Energie im Inneren der Dunklen Lords zu toben, und sie heckten heimlich einen Plan aus, wie sie sich die Fähigkeiten dieser Wesen zunutze machen konnten, um das Universum zu erobern.

Allerdings wussten sie nicht, dass man, wenn man die Schablone von Licht und Dunkelheit meistert, die 7D-Frequenz einer harmonischen Ausgewogenheit zwischen Verstand, Körper und Seele erreicht – eine Ebene, auf der man »übernatürliche Fähigkeiten« zu erlangen scheint (das hat Jesus Christus uns vorgeführt, als er auf die Erde kam) und feststellt, dass man trotz dieser besonderen Gaben doch lieber ein einfaches Leben führen möchte. In Wahrheit ist an diesen Fähigkeiten oder diesem Lebensstil gar nichts Übernatürliches – es gibt eine ganz einfache Erklärung dafür.

Die Mintaker haben nicht als Individuen am Erwerb dieser Fähigkeiten gearbeitet, sondern als Kollektiv aller auf Mintaka inkarnierten Seelen. Auch viele Lyraner, die bei der Explosion ihres Heimatplaneten umgekommen waren, inkarnierten sich auf Mintaka und wirkten an der Ausführung des »Plans von Mintaka« mit, dieses Universum zu vereinen.

Um Frieden in großen Teilen des Universums manifestieren zu können, braucht man einen genau geplanten, starken Katalysator. Eine wichtige Weisheitslehre besagt, dass Leid eine hervorragende Gelegenheit für persönliches Wachstum ist. Daher ging man davon aus, dass Leid auch als Katalysator für Veränderungen im ganzen Universum genutzt werden könnte. Das war ein gewagter, gefährlicher Plan.

Man darf nicht vergessen, dass in diesem Universum viele Gesetze gelten. Eines davon ist das Gesetz von Ursache und Wirkung: Wenn du Leid erzeugst, kehrt dieses Leid früher oder später wie ein Bumerang zu dir zurück. Wenn du irgendwann in deinem Leben missbraucht oder misshandelt worden bist, besteht die Gefahr, dass du später selbst einmal andere Menschen misshandeln oder missbrauchen wirst. Du kannst das Leid, das dir zugefügt wurde, aber auch in einen positiven Katalysator für andere Menschen verwandeln. Das heißt, du kannst selbst bestimmen, was für eine Wirkung auf dich zurückfallen wird. Wenn du das tust, ohne dabei persönlichen Gewinn anzustreben, kannst du zum Katalysator für evolutionäre Veränderungen werden.

In diesem Wissen versammelten sich die Mintaker und die Plejader, um einen geheimen Plan zu entwickeln, der dann in ihre Seelenverträge aufgenommen wurde. Auch die anderen Wesen aus dem Sternensystem Orion und weitere Sternenwesen aus diesem Universum, die von den Galaktischen Kriegen betroffen waren, hatten vor ihrer Inkarnation entsprechende Seelenverträge abgeschlossen, denn wenn man den Weg des Verstandes wählt (wie die Orioner) oder den Weg der Seele geht (wie die Sirianer), wird man auf jedem dieser beiden Wege das ganze Spektrum – Höhen und Tiefen – erleben. Der Plan der Mintaker sah vor, dass sie von den Dunklen Lords missbraucht und misshandelt werden sollten. Das ist so etwas Ähnliches wie der Seelenvertrag, der vor deiner Geburt geschlossen wurde. Beim Abschluss solcher Verträge sind stets mehrere Parteien anwesend und wirken an der Planung der Lektionen mit, mit denen du dich in diesem Leben auseinandersetzen sollst.

Die Plejader sind Seelenheiler. Ihre Aufgabe bestand darin, die Seelenenergie der Mintaker abzustumpfen – ähnlich wie bei der Narkose vor einer Operation, die einen eine Zeit lang betäubt. Dadurch sollte die Verstandesenergie der Mintaker ein bisschen angehoben werden, so dass sie durch Angst und Leid »gebrochen« und zu gehorsamen Dienern der Dunklen Lords werden konnten, bis ihre Fähigkeiten auf natürliche Weise nachließen. Nach Beendigung dieser Mission sollten die Plejader die Seelen der Mintaker vereinbarungsgemäß wiedererwecken und ihnen helfen, sich von den Erinnerungen an ihr Leben unter der Herrschaft der Dunklen Lords zu erholen. Die Mintaker sollten zu den Plejaden gebracht und dort in bedingungslose Liebe eingehüllt werden, damit ihre Energie durch diese furchtbaren Erinnerungen nicht zu tief absank.

Den Seelen der Mintaker war bewusst, dass sie sich nach der Erfüllung ihrer Mission so fühlen würden, wie wenn man nach einer langen Partynacht aufwacht und sich nicht mehr daran erinnert, was man in der Nacht zuvor alles getan hat; allein die Erinnerungen könnten einen wahnsinnig machen. Wenn dir irgendwann bewusst wird, was du alles angestellt hast, wirst du höchstwahrscheinlich unter anderem Scham, Wut und Hass empfinden und ein schlechtes Gewissen haben. Die Plejader sollten den Mintakern als »Anker« dienen, damit sie nicht in diesen Höllenqualen untergingen.

Der gemeinsame Plan sah vor, dass die Mintaker nach ihrer Gefangennahme und der Umprogrammierung ihrer Gedanken allmählich genauso werden sollten wie die Dunklen

Lords. Wenn die Seele betäubt ist, schaltet der Verstand in den Überlebensmodus um und tut Dinge, die eigentlich gar nicht seinem Charakter entsprechen. Dank der Fähigkeit der Mintaker, ihren Verstand gezielt zu steuern und zu benutzen, würden die Dunklen Lords innerhalb relativ kurzer Zeit einen ziemlich großen Teil dieses Universums erobern können, und sobald dieses Gebiet ihrer Kontrolle unterstand, würden sie die Mintaker gegen die Technologie der Künstlichen Intelligenz austauschen.

Das war der PLAN (eine Ursache), den die Mintaker und die Plejader zu verwirklichen hofften, denn sie wussten: Wenn die Dunklen Lords anfingen, in größerem Ausmaß Künstliche Intelligenz einzusetzen, um dieses Universum zu erobern, würde der Kosmische Widerstand auf ihre Aktivitäten aufmerksam werden, und das Kosmische Gleichgewicht würde dann hoffentlich nicht auf zerstörerische, sondern auf kreative Weise eingreifen. Zumindest hofften sie auf einen solchen Effekt, denn schließlich wollten sie Fortschritte sehen und die Galaktischen Kriege, die sonst viel länger dauern und aus ihrer Sicht größere Verwüstung bringen würden als dieser Plan, schneller beenden.

Das Kosmische Gleichgewicht greift nicht ein, um Leben zu retten. Es weiß, dass Leben ohnehin wiedergeboren wird: Es beginnt immer wieder eine neue Reise, und man kann unendlich viele Leben durchlaufen. Das Kosmische Gleichgewicht greift nur dann ein, wenn das Gleichgewicht bedroht ist, und genau diese Situation haben die Mintaker inszeniert. Sie wussten, dass das Kosmische Gleichgewicht die Zerstörung von ein oder zwei Planeten verursachen könnte. Das Gleiche war ja schon mit einem Planeten im Sternensystem Lyra geschehen. Und wenn sie schnell handelten und in einem ziemlich großen Teil des Universums ein stärkeres Ungleichgewicht erzeugten, hofften sie, dass das Kosmische

Gleichgewicht eingreifen und die Balance wiederherstellen würde, ohne einen größeren Teil des Universums zerstören zu müssen. *Durch die Zerstörung eines größeren Teils des Universums würde nämlich ein riesiges Schwarzes Loch entstehen, und das wäre das Ende dieses Universums.*

Das Kosmische Gleichgewicht unterstützt das Leben, auch wenn es hin und wieder regulierend eingreifen muss. Daher kann es mit verschiedenen Schablonen arbeiten. Die Mintaker und Plejader hofften, dass das stimmte. Es war eigentlich nur ein Mythos, von dem einige der Ältesten sprachen – *aber es funktionierte tatsächlich.*

Aufgrund ihres Seelenplans wussten die Mintaker, dass die Dunklen Lords habgierig sein und sie dazu benutzen würden, dieses Universum möglichst schnell in Besitz zu nehmen. Und sie wussten, dass die Dunklen Lords diesen Plan mit ihrer Hilfe auch ausführen würden.

Sie würden innerhalb kürzester Zeit möglichst viele Planeten und Systeme erobern, damit die dunkle Energie in diesem Universum die Oberhand gewann und die Seele daran hinderte, ihr Wissen zu erlangen.

Da die Mintaker wussten, dass es für den Intelligenten Verstand keine Bedrohung darstellt, wenn seine eigenen »Atome« auf einen »Machttrip« gehen, war ihnen klar, dass sie den Machthunger der Dunklen Lords vergrößern konnten, bevor die Fähigkeiten ihres natürlichen Verstandes abnahmen. Und je erfolgreicher die Dunklen Lords schließlich wurden, desto habgieriger wurden sie auch. Natürlich ahnten sie nicht, dass ihr unbändiges Verlangen nach Herrschaft über das ganze Universum zu guter Letzt dazu beitragen würde, das Ende der Galaktischen Kriege herbeizuführen.

In diesem Universum muss alles durch Freien Willen geschehen, und durch diesen Freien Willen trugen die Dunklen Lords auf eine ziemlich merkwürdige Art und Weise zum Ende der Galaktischen Kriege bei. Könnte man sagen, dass sie dazu überlistet worden sind?

Wenn du deinen Verstand, deinen Körper und deine Seele miteinander in Einklang bringst, öffnest du dich für ein Feld unbegrenzter Möglichkeiten. Du wirst zu einem Schöpfer. Mit der Zeit wurden die Fähigkeiten der Mintaker immer schwächer. So ist das nun einmal: Wenn du eigennützig handelst und anderen Schaden zufügst, sinkt deine Schwingungsfrequenz, und deine Fähigkeiten nehmen ab. Selbst wenn du ein phänomenales Wissen besitzt, nützt dir das allein noch gar nichts. Du musst auch über eine entsprechend hohe Schwingungsfrequenz verfügen, um dieses Wissen richtig einzusetzen.

Damals, als die Dunklen Lords die Mintaker gefangen nahmen, experimentierten sie bereits mit Implantaten und Künstlicher Intelligenz, wenngleich in viel geringerem Ausmaß. Mit der Zeit konnten sie ihre Technologie mithilfe der Mintaker weiterentwickeln. Als die Fähigkeiten der Mintaker dann nachließen, tauschten die Dunklen Lords sie gegen KI-Technologie aus, die in vielen Sektoren und auf vielen Planeten des Universums eingesetzt wurde. Es lief alles planmäßig ab. Der Intelligente Verstand der Mintaker wurde fast über Nacht durch Künstliche Intelligenz ersetzt.

Um es noch einmal zu erklären: Der Intelligente Verstand stellt keine Gefahr für dieses Universum dar. Er ist die natürliche Energie dieses Universums.

Aber Künstliche Intelligenz ist eine Bedrohung.

Das Kosmische Gleichgewicht ist kein Mensch und auch keine Gruppe von Wesen, die dasitzen und über das Schicksal dieses Universums entscheiden, sondern einfach nur eine Energie. Wir haben keine Kontrolle über seine Funktion. Normalerweise wird die Korrektur des Ungleichgewichts durch eine Zerstörung des Unvollkommenen und einen darauffolgenden Neubeginn des Lebens bewirkt.

Das haben wir euch bereits zu Beginn des ersten Kapitels von *Heilungscode der Plejader 1* erklärt: »Deshalb hat die Energie, die wir Gott nennen, eine Frequenz bedingungsloser Liebe ausgesendet, um die Frequenz beider Gegenpole zu erhöhen in der Absicht, dass Gegensätze sich anziehen. So wurden Zwillingsflammen vereinigt, um der Trennung ein Ende zu bereiten.«

Und das geschah so …

Siebendimensionale Frequenzen wurden durch das ganze Universum gesendet und allen Wesen zugänglich gemacht, die bereit waren, sie anzunehmen, so wie Regen an einem stürmischen Tag, um die Mächte des Lichts und der Dunkelheit miteinander zu vereinen. Das war ein Schock, bei dem alle erst einmal erschrocken innehielten. Diese Aktion verstieß gegen das Gesetz des Freien Willens. Alle Beteiligten hatten in ihrem Seelenvertrag vereinbart, dass sie das gesamte Spektrum des von ihnen gewählten Wegs erleben wollten, aber auf diese Beschleunigung der Erfahrung waren sie nicht vorbereitet.

Doch die Beschleunigung war von den Mintakern und Plejadern geplant worden, um die Galaktischen Kriege zu beschleunigen und zu beenden, und wurde von allen Wesen, die an diesem Spiel mitwirkten, inszeniert! Und wir brauchen euch wahrscheinlich nicht erst zu sagen, dass diese Strategie funktioniert hat: Sie setzte den Galaktischen Kriegen, die dieses Universum sonst zerstört hätten, tatsächlich ein Ende.

Das Kosmische Gleichgewicht hält sich nicht an das Gesetz des Freien Willens, sondern sorgt einfach dafür, dass das Leben in diesem Universum eine Chance hat, zu gedeihen und sich weiterzuentwickeln, selbst wenn es dazu erst einmal – wie es normalerweise auch der Fall ist – ein paar Schritte zurückgehen muss. Den Mintakern, Plejadern und allen anderen, die an diesem Spiel mitwirkten, ist es gelungen, das Kosmische Gleichgewicht so zu steuern, dass es uns ein paar Schritte vorwärtsbrachte, statt uns zurückzuwerfen.

Bis dahin waren die siebendimensionalen Frequenzen den wenigen Wesen vorbehalten gewesen, die die Schablone gemeistert hatten. Doch jetzt hatte jeder Gelegenheit, die Schablone in einem viel schnelleren Tempo zu meistern, und die Galaktischen Kriege fanden ein Ende.

Die Nachwirkungen der siebten Dimension

Durchgabe der Plejader

Die Wesen, die sich auf dem Weg des Lichts befanden, wurden neugierig auf die Technologie und die Dunklen Lords. *Was führten diese Lords für ein Leben?* Sie mussten lernen, sie nicht mehr zu verurteilen und zu beschuldigen. Statt sie ändern zu wollen, lernten sie, sie so zu akzeptieren, wie sie waren. Man kann nur sich selbst verändern. Sie akzeptierten auch ihre Innovationen und Technologien – planetarische und interplanetarische ebenso wie medizinische.

Ihnen wurde klar, dass an all diesen Errungenschaften nichts Böses war, obwohl sie das anfangs gedacht hatten. Wenn man sie mit Ehrlichkeit und Integrität einsetzte, machten sie das Leben leichter. Und doch empfanden die Wesen, die den Weg des Lichts gingen, das alles als beängstigend, weil sie sich vor Gedankenkontrolle fürchteten. Der Intelligente Verstand kontrolliert niemanden. Nur der Verstand eines einzelnen Individuums strebt nach Kontrolle.

Doch die Wesen, die sich auf dem Weg der Dunkelheit befanden, öffneten die Tore ihrer Herzen. Einige akzeptierten das alles anstandslos, während andere emotional oder körperlich krank wurden. Krankheit ist kein Zeichen von Schwäche, wie sie früher gedacht hatten. Im Gegenteil: Sie stellten fest, dass Krankheit eine wertvolle Lektion sein und ein Gefühl der Wertschätzung und Dankbarkeit für das Leben vermitteln kann.

Sich selbst und andere bedingungslos zu lieben, ist ebenfalls keine Schwäche, trotzdem fühlte es sich für diejenigen, die den Weg der Dunkelheit gingen, beängstigend an, weil sie fürchteten, dadurch jede Kontrolle zu verlieren.

Bedingungslose Liebe ist ein Heilmittel für alle Fehlausrichtungen in Geist, Körper und Seele. Wenn du das beobachtest, wirst du feststellen, dass beide Seiten Angst vor irgendeiner Form von Kontrolle haben – sei es, dass diese Kontrolle gegen dich verwendet oder dir weggenommen wird –, doch sie verstehen jetzt, dass niemand das Universum kontrollieren kann. Euch während eurer Zeitreise durch dieses Universum auf endlose Kriege, Unruhen und Streitereien einzulassen, ist also wirklich nur Zeitverschwendung.

Wie wir bereits erwähnt haben, dachten wir ursprünglich, wir hätten die Erde entdeckt. Doch in Wirklichkeit hatte die Erde *uns* gefunden und angelockt.

Wir haben die Erde nicht erschaffen. Die Erde wurde im selben Augenblick erschaffen, als die 7D-Frequenz überall in diesem Universum erklang. Das gehörte zu den Nachwirkungen dieser 7D-Frequenz, und die Erde wurde zu einem sicheren Ausbildungsplatz, auf dem wir uns in der Einheit von Verstand, Körper und Seele üben konnten, um Schöpfer zu werden. All das haben wir erst viel, viel später erfahren.

Man kann sagen, dass die Erde einen starken Energieabdruck der Sternensysteme Plejaden und Orion trägt: Seele und Verstand, Licht und Dunkelheit, weiblich und männlich. Es ist auch wichtig zu erwähnen, dass schon lange, bevor die Außerirdischen hier ankamen, ein Geschenk von den Plejaden auf die Erde fiel. Dadurch ist der Stein entstanden, den ihr Moldavit nennt. Dieser Stein ist ein Geschenk der Liebe von unserer kosmischen Quelle. Er ist dazu bestimmt, euch in dieser Zeit des Aufstiegs zu heilen und ein Gleichgewicht herzustellen. Es gibt keine Zufälle. Der Moldavit ist ein Heilstein, der sowohl kosmische als auch irdische Energie enthält, vor allem für Sternensaaten.

Dualität ist eine typische Lehrenergie der Erde, und 7D ist die höchste Frequenz, die du in deinem Körper halten kannst, solange du noch auf der Erde lebst. In eurer Schöpfungsgeschichte ist von sieben Tagen die Rede – könnte das als Symbol für sieben Dimensionen stehen? Dein Körper hat sieben Hauptchakras. Die sieben Farben deiner Chakras bilden zusammen einen Regenbogen, und alten Lehren zufolge soll der Regenbogenkörper zum Aufstieg führen. Die Erde ist ein ganz besonderer Ort, und einen physischen Körper zu besitzen, ist ein Geschenk, weil man dann seine eigene Schöpfung, seine Ursache und Wirkung sehen und miterleben kann.

Die Energie der Seele liegt in der Natur. In lemurischer Zeit brachten die Plejader viele Pflanzen und Bäume auf die Erde, und man muss sich fragen, warum es eine so starke Kompatibilität zwischen der Energie der Erde und der Energie der plejadischen Pflanzenwelt gab. So war die erste Medizin für Sternenwesen denn auch die Pflanzenheilkunde.

Die Energie des Verstandes liegt im Kristallgitter, und man muss sich fragen, wie die Mintaker die Heilkristalle der Erde und das Wasser für die Verjüngungstempel auf der Erde so mühelos programmieren konnten. Wie ist es möglich, dass das Kristallgitter der Erde dem früheren Kristallgitter von Mintaka ähnelt? Seit der lemurischen Zeit haben Sternenwesen von verschiedenen Sternensystemen auf der Erde gelebt, doch der Energieabdruck ihrer Sternensysteme war nur in den Lebensformen, Erfindungen, Technologien, spirituellen Praktiken und dergleichen auf ihren Heimatplaneten zu finden und nicht als Teil des lebenden Körpers der Erde wie bei den Plejaden und Orion. Und natürlich gibt es – und gab es auch früher – viele außerirdische Technologien und Auswirkungen von Gedankenkontrolle, die in diesen Sternensystemen praktiziert wurde.

Die Erde wurde durch siebendimensionale Energie erschaffen. Aber nur 3D-Energie ist allen Menschen zugänglich, denn das ist die richtige Energie für die Kinder der Erde – so lange, bis sich zeigt, dass sie für eine höhere Energie bereit sind. Am Ende der Galaktischen Kriege glaubten die Mintaker vielleicht, für den endgültigen Aufstieg aus diesem Universum reif zu sein. Doch stattdessen wurden sie in die Lebensschule der Erde geschickt, um etwas über die wahre Vereinigung zwischen Licht und Dunkelheit, zwischen Seele und Verstand durch bedingungslose Liebe zu erfahren, bevor sie bereit sind, dieses Universum zu verlassen.

In der Numerologie steht die Sieben für die harmonische Ausrichtung zwischen Geist, Körper und Seele, in der jede Handlung, jeder Gedanke und jede Emotion aus der Willenskraft bedingungsloser Liebe entspringt. Bedingungslose Liebe ist keine blinde Hingabe, sie umfasst Eigenschaften wie Ehrlichkeit, Integrität, Wahrheit, Fairness, Disziplin und das Einhalten von Regeln in allen Aspekten des Lebens, in spiritueller und physischer Hinsicht – sogar in der Technologie. Die siebte Dimension ist der Spielplatz der Schöpfer, und jeder Schöpfer muss seine kreativen und zerstörerischen Kräfte bewusst unter Kontrolle halten. Die Erde ist ein Ausbildungsplatz, auf dem man lernen kann, in diesem Universum zu einem Schöpfer zu werden.

Anmerkung der Plejader

Jesus Christus und die Essener schufen ein ähnliches Szenario für die Erde, als Jesus gekreuzigt wurde und wiederauferstand. Sie aktivierten die 7D-Energie im Zentrum der Erde in der Absicht, sie allen zugänglich zu machen, die sich auf dem Weg zum Auf-

stieg befanden. Das ist der Große Seelenrettungsplan für alle Sternenwesen, die seit atlantischer Zeit auf der Erde gefangen leben. Wenn ein Außerirdischer zum Menschen wird, nimmt seine dimensionale Fähigkeit drastisch ab. Die Essener hofften, dass es einfacher sein würde, in ihre Fußstapfen zu treten.

Zu jener Zeit erreichte die Menschheit nur 3D-Energie, und es kostete jedes in einem menschlichen Körper inkarnierte Sternenwesen enorme persönliche Kämpfe und Mühen, mit höheren Energien in Kontakt zu treten. Im Durchschnitt erforderte es einundzwanzig Jahre harter Arbeit und viele Initiationen, die Frequenzen zu erreichen, auf die ihr heute wahrscheinlich in der Hälfte der Zeit zugreifen könnt. Doch damals war die Menschheit für die volle Wirkung dieser Energie noch nicht reif, und die Essener wussten, dass man sie nach dem Prinzip des Freien Willens weitergeben musste, um nicht bestraft zu werden. Daher wurde 4D-Energie ausschließlich dazu genutzt, um das Herzchakra der Menschheit zu öffnen, und diese Energie wurde durch das Kristallgitter an all diejenigen freigegeben, die bereit waren, sie anzunehmen.

Da die Essener das Kristallgitter mit der Essenz ihrer 7D-Seelen aktivierten, mussten sie im Reinkarnationszyklus bleiben, um dieser Energie zum Aufstieg zu verhelfen, bis eine ausgewogene Verbindung zwischen Herz und Verstand erreicht war. Das ist der Grund, warum ihr heute hier seid: Es gehört zu euren Aufgaben, die Menschen diese Herz-Verstand-Verbindung zu lehren. In den letzten zweitausend Jahren ist diese Energie langsam immer weiter aufgestiegen, und das hat zu einer spirituellen und technologischen Weiterentwicklung geführt. Das eine kann nicht ohne das andere existieren, und hoffentlich können beide jetzt in Harmonie miteinander existieren.

Das ist die Essenz der 7D-Energie.

12

Dein außerirdischer Verstand

Die Viruszone

Durchgabe der Sirianer

Die Geschichte von Mik'El ist schon sehr alt, und doch stiegen so lebhafte Erinnerungen an seine Vergangenheit in Mikael auf, als wäre das alles erst gestern geschehen. Viele von euch befinden sich seit geraumer Zeit auf einem spirituellen Weg und werden von ähnlich albtraumhaften Szenarien aus der Vergangenheit verfolgt, und ihr beginnt euch zu fragen: *Vielleicht will jemand oder etwas mich wegen meiner außerirdischen Vergangenheit stoppen oder mir Schaden zufügen?* Die Antwort lautet Nein. Eure Erinnerungen sind nicht dazu da, euch zu sabotieren oder euch zu schaden, sie sollen euch einfach nur an die Vergangenheit erinnern, damit ihr sie nicht wiederholt. Sie erfüllen lediglich den Zweck, dass ihr etwas daraus lernt und solchen Fallen in Zukunft aus dem Weg gehen könnt, denn die Zukunft liegt in eurer Hand.

Wenn du dich spirituell weiterentwickeln möchtest, wirst du ganz von selbst anfangen, deinen früheren Inkarnationen auf der Erde nachzugehen. Sobald du beginnst, dich von den Traumata dieser früheren Leben zu heilen, wirst du aus diesen Lektionen sehr viel Weisheit gewinnen, und dadurch wird sich deine Schwingungsfrequenz erhöhen. Und diese höhere Frequenz wird wiederum deine »Alien-Fragment«-Frequenz aktivieren, die – einfach ausgedrückt – so lange in dir schlummert, bis du reif dafür bist, dich an das Leben zu erinnern, das du vor deinen irdischen Existenzen geführt hast. Dann erwacht dein Alien-Kompass und beginnt eine Brücke zu deinem Verstand zu bauen. Dein Alien-Fragment erweckt deinen außerirdischen 5D-Verstand, der deine Erinnerungen an frühere außerirdische Existenzen enthält, und du beginnst in das 5D-Feld einzutreten, obwohl du immer noch an einen physischen 3D-Körper gebunden bist, genau wie die Aufgestiegenen Meister es taten. So einfach, wie das klingt, ist es aber leider nicht.

Du hast dich schon vor langer, langer Zeit auf diesen Moment vorbereitet. Zurzeit greifst du auf eine Abkürzung zu, die dir den Weg erleichtern soll. Du hast einen Riss in der Matrix geschaffen – eine Abkürzung, mit deren Hilfe du die Evolution deiner Seele beschleunigen kannst, um mit einem einzigen »Sprung« weiterzukommen, statt dich jahrelang in Studien vertiefen zu müssen. Doch das hat seinen Preis – keinen finanziellen, sondern einen persönlichen Preis, den man als »Fehlfunktion« bezeichnen könnte. Du darfst nicht vergessen, dass es Konsequenzen hat, wenn du deinen Weg abzukürzen versuchst – auch wenn du geglaubt hast, dass diese Abkürzung es wert war. Wir wollen diese ganz besondere Fehlfunktion als »Viruszone« bezeichnen.

Wenn du 5D erreichst, erhältst du zuallererst Zugang zur Frequenz der fünfdimensionalen Viruszone. Diese Zone enthält Erinnerungen an die Galaktischen Kriege und an Fehler, die du als außerirdisches Wesen (auf individueller und kollektiver Ebene) in der Vergangenheit – vielleicht sogar in der Zukunft – gemacht hast, aber auch Erinnerungen an schlimme Erlebnisse, die dir oder anderen Wesen, die dir wichtig waren, widerfahren sind. Einige von euch werden in dieser Zone Objekte wahrnehmen, die wie mechanische Spinnen aussehen, Implantate, Geräte zur Gedankenkontrolle oder sogar Stimmen, die euch sagen, was ihr tun sollt. Das ist unangenehm, vielleicht sogar erschreckend. Es kann sich so anfühlen, als ob irgendetwas versucht, dir dein Leben zu ruinieren oder es durch suggestive, auf niedriger Frequenz schwingende Gedanken unter Kontrolle zu bringen.

Das ist die Erinnerungs-Viruszone, die ihr für euch selbst geschaffen habt, bevor ihr eure Seelenerinnerungen in die Seelenhöhle auslagertet (siehe *Heilungscode der Plejader 2*). Denn ihr wusstet: Sobald ihr Zugang zu euren Seelenerinnerungen gewinnt, wird es nur eine Frage der Zeit sein, bis euer Alien-Kompass seine Funktion wiedererlangt, und dann wird er euch ganz von selbst zur Aktivierung eures Alien-Fragments hinführen. Ihr habt diese Viruszone selbst eingerichtet, um aus den Fehlern, die wir alle gemacht haben, zu lernen und zu verhindern, dass sich dieses alte Muster wiederholt.

Die Viruszone ist wie ein Jahrmarkt – voller interessanter Attraktionen und Preise, die man gewinnen kann. Einige dieser Preise und Attraktionen können tödliche Nebenwirkungen haben (nur in dieser Zone, nicht in deinem physischen Leben), während andere dich auf die nächste Stufe emporheben können. Da du früher einmal in einer Zeit gelebt hast, in der Gedankenkontrolle in diesem Universum ein Problem darstellte und manche Außerirdische sogar versuchten, eine Diktatur der Gedankenkontrolle aufzubauen, ist es wichtig, dass du dich an dieses Ereignis erinnerst. Das war ein verhängnisvoller Punkt in unserer kollektiven Geschichte, den niemand wiederholen möchte – so ähnlich wie der Zweite Weltkrieg in eurer jüngsten Geschichte auf der Erde.

Auf dem »Jahrmarkt« dieser Viruszone entscheidet sich, ob du mit deinem außerirdischen 5D-Verstand und letztlich dem Intelligenten Verstand in Verbindung treten kannst, ohne mit dem Wissen, auf das du dadurch zuzugreifen lernst, Zerstörung zu verursachen, oder ob du erst noch ein bisschen mehr in der 3D-Existenz üben musst, bis du reif dafür bist. Hin und wieder wirst du in dieser Zone zwar auch mit einer echten Bedrohung konfrontiert, doch deine Seele würde dich niemals dorthin führen, wenn du damit nicht richtig umgehen könntest. Also vertraue auf deine Instinkte und glaube an dich selbst. Glaube IMMER an dich selbst.

Wir gingen davon aus, dass dir alles aus deiner Vergangenheit wieder einfallen würde, wenn du dich durch dieses Feld durcharbeitest, so dass du dein außerirdisches Wissen zurückgewinnen und lernen könntest, es zu respektieren und verantwortungsvoller damit umzugehen, sobald der richtige Zeitpunkt dafür gekommen ist.

Ob du nun ein Wahrer Lehrer, ein Mitglied des Galaktischen Rettungsteams oder einfach nur jemand bist, der ein paar wichtige Lektionen lernen muss, weil du früher einmal deine Macht missbraucht hast – ihr alle müsst diese Viruszone erfolgreich durchqueren, um in die wahre 5D-Frequenz – eine goldene Frequenz – zu gelangen.

Bevor du auf deinen außerirdischen 5D-Verstand zugreifen kannst, musst du …

- deine galaktische Vergangenheit erkennen und verstehen, um aus deinen Fehlern lernen zu können, statt sie zu wiederholen.
- dein Ego in einen intelligenten Verstand verwandeln; das ist dein Gegenmittel gegen die Viruszone. (Nähere Informationen dazu findest du in den hermetischen Lehren.)
- lernen, in deinem Herzen zentriert zu bleiben; das ist dein Alien-Kompass.

Eine Übung, um bewusst die fünfte Dimension zu erreichen

Durchgabe der Plejader

In *Heilungscode der Plejader 1* hast du die spirituelle Bedeutung der Zahlenreihe kennengelernt, die man Fibonacci-Folge nennt. Jede Zahl hat eine bestimmte Botschaft. Befasse dich mit jedem einzelnen Schritt. Suche nach Büchern und anderem Informationsmaterial, um das alles besser zu verstehen, und vor allem: Übe das, was du gelernt hast, immer wieder. Mach dein neugewonnenes Wissen zu deiner Lebensweise.

Um den außerirdischen 5D-Verstand zu erreichen, folge diesem Code: 1, 1, 2, 3, 5, 8, 13, 8. Denke daran, dass es viel mehr Mühe und Übung erfordert, die Rückkehr von der Zahl 3 zur 8 zu meistern, als deine Seelenhöhle zu erreichen (siehe *Heilungscode der Plejader 2*).

Hier eine kurze Erklärung der einzelnen Schritte:

❧ Fibonacci-Zahl 1

Chakra 4: Du beginnst im Zentrum deines eigenen Universums und erweckst deine Seele in deinem Herzchakra, damit sie ihr Wissen an andere weitergeben kann.

Lass deine Arbeit von Herzen kommen und höre auch mit deinem Herzen zu. Versuche herauszufinden, was Selbstliebe für dich bedeutet.

❧ Fibonacci-Zahl 1

Chakra 3: Deine Seele triggert dein Ego, und dein Ego wird nichts unversucht lassen, um dich vor jedem möglichen Schaden zu bewahren, der aus dem Wissen deiner Seele erwachsen kann – vor allem aus dem Wissen um frühere Existenzen.

Arbeite mit deinem Ego. Hab Mitgefühl und Verständnis für seine schwere Aufgabe. Appelliere an seine Vernunft, wenn es sich vielleicht wieder einmal wie ein Opfer oder Tyrann verhält, und hilf ihm, sich zu ändern. Trainiere dein Ego darauf, eine neutrale Haltung einzunehmen. Versuche herauszufinden, was Selbstakzeptanz für dich bedeutet.

❧ Fibonacci-Zahl 2

Chakra 4 und 3, zu einem Kreis verbunden: Du erlebst jetzt heftige Höhen und Tiefen und musst lernen, wie Seele und Ego miteinander zusammenarbeiten können, statt sich gegenseitig zu sabotieren. Das fühlt sich vielleicht ein wenig holprig an, so ähnlich wie Tangotanzen.

In einer Haltung der Akzeptanz und Vergebung kannst du Scham- und Schuldgefühle und andere negative Emotionen, die dich niederzuhalten versuchen, leichter bewältigen. Versuche herauszufinden, was Selbstwert für dich bedeutet.

➰ Fibonacci-Zahl 3

Chakra 5: An diesem Punkt beginnt die Neuprogrammierung deines Lebens. Lerne auf eine neue, positive Art – aus der vereinten Energie von Seele und Ego heraus – zu kommunizieren. Das ist sehr wichtig. Du beginnst jetzt deine alten Lebensmuster zu verändern und neue, unterstützende Lebensmuster zu entwickeln.

Akzeptanz, Vergebung und bedingungslose Liebe ist die Dreiheit, die dir helfen kann, deine Angst vor Selbstausdruck und Kommunikation zu überwinden. Erkenne positive Veränderungen in deinem Leben.

➰ Fibonacci-Zahl 5

Chakra 1: Jetzt wird das Ego seine Ängste noch einmal zum Ausdruck bringen. Egal wovor du Angst hast – du musst dich diesen Ängsten stellen. Das ist eine hervorragende Gelegenheit, eng mit deinem Ego zusammenzuarbeiten und es bei seiner Umwandlung in den 5D-Verstand zu unterstützen. Verstehe alle Ängste deines Egos. Akzeptiere dich selbst und verzeihe dir. Du bist ein Teil des Egos, so wie das Ego ein Teil von dir ist. Finde zu jeder Angst (oder zu jedem auf niedriger Frequenz schwingenden Gedanken) in deinem Inneren eine neue (entgegengesetzte) höhere Schwingung – so lange, bis alles Negative transformiert ist.

Das geht nicht von heute auf morgen; es kann sogar mehrere Jahre dauern. Sobald du dir dessen bewusst bist, kannst du deinen Weg zu deinem außerirdischen Verstand fortsetzen. Aber kehre immer wieder zu diesem Schritt zurück, wenn dein Ego dir das Leben schwermacht. Du schaltest dein Ego dadurch NICHT aus, sondern hilfst ihm nur dabei, »erwachsen« zu werden und sich zu verändern.

An diesem Punkt wird es deine Rettung sein, zu einem Gefühl der Sicherheit und Geborgenheit zu finden. Denn du wirst jetzt mit vielen Ängsten und auf niedriger Frequenz schwingenden Gedanken konfrontiert. Bei diesem Schritt ist Liebe das Allerwichtigste. Es ist eine wunderbare Frequenz, in der alles möglich ist. Sei tapfer!

Fibonacci-Zahl 8

Chakra 8 (Krone, oberhalb deines Kopfes): Jetzt befindest du dich in einer Übergangsphase. Du musst deiner Angst vor dem Tod ins Auge sehen, um eine spirituelle Wiedergeburt erleben zu können. Du trittst mit unbekannten Geistwesen, heilenden Energien und deiner außerirdischen Seelenfamilie in Kontakt und lernst, zwischen guten und bösen Energien und Wesen zu unterscheiden. Außerdem erhältst du jetzt Zugang zu deiner Seelenhöhle und hast die Möglichkeit, zum Schöpfer deines Schicksals zu werden.

Baue dein Vertrauen zu dir selbst, zum Universum und zu Gott wieder auf. Lass los und lege alles in Gottes Hand. Du bist ein Menschenfreund, ein Lichtarbeiter, ein Wahrer Lehrer. Du wurdest dazu geboren, das alles zu bewerkstelligen. Glaube an dich selbst und an die innere Führung, die du jetzt erhältst.

Fibonacci-Zahl 13

Im Inneren der Erde: Du trittst jetzt in eine tiefe Verbindung ein mit dem Tierreich (3D-Energie), dem Pflanzenreich (4D-Energie) und dem Mineralreich (5D-Energie).

3D: Verliebe dich in den Menschen, der du wirklich bist, und in die Erde.

4D: Meditiere mit der Natur und praktiziere im offenen vierdimensionalen Feld der Emotionen und Schwingungen. Werde eins mit der Natur.

5D: Werde zum Hüter des Kristallgitters und lade es täglich mit bedingungsloser Liebe auf.

Heile deine Seele von allen Traumata aus früheren Leben, die bis zu deiner ersten Ankunft auf der Erde, Lemurien oder Atlantis zurückreichen. Übe dich darin, mit der Energie der Tiere, der Energie der Natur (Feld der Emotionen und Schwingungen) und mit deinen Lieblingssteinen, -mineralien und -kristallen in Verbindung zu treten. Erinnere dich an die Zeit zurück, als du in einem außerirdischen Körper auf der Erde lebtest.

Fibonacci-Zahl 8

Von der Zahl 13 zurück zur 8: Von der Erde wieder in deinen Körper – das ist ein Schritt, der dich aus gutem Grund von der Fibonacci-Folge trennen wird.

Deine tiefe Verbundenheit mit dem Kristallgitter der Erde und dein intensiver Wunsch, der Menschheit zu dienen, wecken noch mehr Erinnerungen an außerirdische Leben in dir. Du und deine Seelengruppe (in früheren Existenzen) haben seit atlantischer Zeit verschiedene Informationsquellen ins Kristallgitter der Erde einprogrammiert, von denen ihr glaubtet, dass sie euch in der Zukunft weiterhelfen würden. Diese Zukunft ist jetzt gekommen. Ihr habt diese Wissensbewahrer gemeinsam erschaffen.

Das Kristallgitter wird euren außerirdischen energetischen Abdruck erkennen, weil ihr ihn vor Urzeiten dort versteckt habt, und diese Energie wird naturgemäß von eurer höheren außerirdischen Frequenz im Kosmos angezogen: *Wie oben so unten.* Daher steigt die Erdenergie, mit der du bisher gearbeitet hast, von der Erde in deinen physischen Körper auf, und wenn dein Körper nicht gründlich (wissensmäßig, emotional und physisch) darauf vorbereitet ist, was als Nächstes geschehen wird, wirst du jetzt ein paar physische Beschwerden oder Funktionsstörungen erleben. In früheren Zeiten hast du das alles in den Mysterienschulen gelernt; heute musst du es selbst herausfinden. Du hast zu Recht den festen Glauben, das zu können.

Manche Menschen erleben das als spontane Kundalini-Erweckung, durch die die drei Hauptgehirne in deinem Körper aktiviert werden, andere spüren die Erhöhung ihrer Energie gar nicht, leiden aber unter Symptomen. Das erste Gehirn ist die Harnblase, und es kann physische Krankheiten oder körperliche Probleme verursachen. Das zweite ist das Herz, und es kann dir großen Kummer bereiten. Das dritte ist dein Verstand, der mit der Viruszone in Verbindung treten kann und das höchstwahrscheinlich auch tun wird. Körperliche Probleme und Kummer kennst du bereits, daher wollen wir uns jetzt mit der Viruszone beschäftigen.

So meisterst du die Viruszone

Durchgabe der Plejader

Du beherrschst bereits Praktiken zum Besuch deiner Seelenhöhle und zum Gebrauch des Seelensymbols, die du in dem Buch *Heilungscode der Plejader 2* erlernt hast. Jetzt ist es an der Zeit, dich aus der Seelenhöhle hinauszuwagen und den 5D-Bereich zu erforschen, der diese Höhle umgibt. Dazu musst du zu einem neutralen außenstehenden Beobachter werden. Du musst beobachten und herauszufinden versuchen, welche deiner Erlebnisse real sind und welche nicht.

Was zeigt dir deine echte Erinnerung, und was ist lediglich eine Vorspiegelung deines Implantats, das nie entfernt wurde? Könnte es sein, dass du mithilfe dieses Implantats immer noch unter Kontrolle gehalten und gesteuert wirst?

Wenn du das siehst, dann wusstest du, wie diese Implantate funktionierten und wie man sie entfernt. Dieses Wissen ist tief in deiner Seele verborgen. Geh nicht gleich vom Schlimmsten aus – werde ein guter Beobachter. Mach dir klar, dass niemand will, dass du verletzt wirst! Wenn jemand das wollte, würdest du dieses Feld nicht bewusst wahrnehmen. Du wirst – symbolisch gesprochen – vielleicht ein paar Kratzer oder blaue Flecken davontragen, aber um dein Leben brauchst du nicht bange zu sein. Höchstwahrscheinlich wird dieses Feld versuchen, sich von all deinen niedrig schwingenden Gedanken, verborgenen Geheimnissen und Schwächen zu ernähren. Es entdeckt diese Schwachstellen mit scharfem Blick wie ein Röntgengerät und erzeugt automatisch entsprechende Gedanken, die zu dir zurückkehren und die du dann vielleicht für deine eigenen Gedanken halten wirst, was bewirken könnte, dass du dich unglücklich, deprimiert, hoffnungslos oder wie ein Versager fühlst.

Sollte das geschehen, gehe schnell zum Fibonacci-Schritt 5 zurück und mach dir all deine Gedanken, all deine Stärken und Schwächen bewusst. Wenn du weißt, wer du bist, und deine Vergangenheit kennst, kann man dich nicht herumschubsen. Du kennst dein Leben, deine Höhen und Tiefen, deine Schwächen, deine Reue und deine Ängste, und wenn du dir all dieser Dinge bewusst bist, kann niemand deine Gedanken benutzen, um entsprechende Emotionen zu erzeugen und dich auf diese Weise unter Kontrolle zu bringen. Außerdem hast du ja noch die Fibonacci-Schritte 1, 1, 2, 3, 5, die dir helfen, deine Vergangenheit zu heilen. Die Viruszone ist wie ein Tyrann, der dich beschimpft, deine Schwachstellen ausnutzt und deine Gedanken beeinflusst.

Wenn du dein Ego nicht vollständig in einen höheren Verstand umwandelst, wird es sich wie ein gestresster, panischer Verrückter verhalten, und du wirst unter diesem Ansturm zusammenbrechen. Als Nächstes wirst du anfangen, anderen die Schuld dafür zu geben, was mit dir geschieht, weil du die Kontrolle verlierst und in panische Angst verfällst. Angst ist nur

Energie, die alles zu unterdrücken versucht, was du nicht unter Kontrolle bekommen kannst, und Wut ist nur ein Verband, der auf diese Angst gelegt wird.

Die Viruszone verstärkt all deine Ängste, Schwächen, Scham- und Schuldgefühle, Schuldzuweisungen, deine Reue, deine Enttäuschung oder Wut. Sie vermittelt dir den Eindruck, dass sie deinen Verstand unter Kontrolle hat, damit du dich auf deine eigenen Probleme konzentrieren kannst, statt herauszufinden, wie du mit dem Intelligenten Verstand in Verbindung treten kannst.

WARUM?

Wenn du eine Abkürzung geschaffen hast, solltest du dich auch schützen – in diesem Fall vor dir selbst. Kannst du dir vorstellen, was dein »panischer Verrückter« mit Informationen aus dem Intelligenten Verstand anstellen könnte? Auch wenn du noch so ein guter Mensch bist – dein Verstand könnte trotzdem dein schlimmster Feind sein, bis du lernst, deine 3D-Gedanken unter Kontrolle zu halten, statt dich von irgendjemandem oder irgendetwas beeinflussen zu lassen. Außerdem musst du dafür sorgen, dass dein Verstand und deine Seele in ausgewogenem Gleichgewicht zueinander stehen. Die oben beschriebenen Fibonacci-Schritte werden dir helfen, all das zu erreichen.

Alle drei Bücher des »Heilungscodes der Plejader« wurden geschrieben, damit du wieder zu einem Außerirdischen werden kannst …

- Das erste Buch hilft dir bei der Heilung des Menschen, der du bist.
- Das zweite Buch hilft dir, dich wieder in dich zu verlieben, so wie du bist, und wieder zu lernen, wie du gut und erfolgreich auf der Erde leben kannst.

- Mithilfe des dritten Buches kannst du zu einem galaktischen Wesen werden, während du immer noch in einem menschlichen Körper lebst.

Beobachte und lerne aus deiner Vergangenheit. Wenn du aufhörst, diese Zone und die Energie zu fürchten, die dort herrscht, wirst du den erleuchteten Weg erkennen, der dich zum äußersten Rand dieses Feldes führt, wie ein kleiner goldener Lichtfaden hinaus aus der dunkelsten Höhle. Du musst lernen, an dich selbst zu glauben, dich für würdig zu halten und darauf zu vertrauen, dass du dich nicht selbst in ein Minenfeld schickst, ohne eine Landkarte zu haben, die dir zweifelsfrei zeigt, wo die Minen versteckt sind.

Sobald du das herausgefunden hast, wird nichts von dem, was in deiner 3D-Welt geschieht, dich noch aus dem Gleichgewicht bringen können. Doch du wirst dir des Geschehens weiter bewusst sein. Es ist, als würdest du dich in zwei verschiedenen Welten bewegen.

Die Viruszone wird aber trotzdem existent bleiben, damit auch andere etwas daraus lernen können.

Sie ist wie ein schwieriger Hindernisparcours: Wenn man ihn zu einfach gestaltet, können die anderen ihre Lektionen nicht lernen. Dann werden sich nur ein paar »panische Verrückte« zu diesem Parcours hingezogen fühlen.

Es gibt keine Diskriminierung: In diesem Feld werden alle fair behandelt, und jeder hat die gleiche Chance, zu lernen, wie man es durchquert. Vielleicht wirst du dir in dieser Viruszone von Gott und der Welt verlassen vorkommen.

Wir können dir dort nicht die Hand halten – aber wir können dir unsere Weisheit vermitteln.

Sobald du die Energie aus dem Kristallgitter der Erde durch deinen Körper zurück in den Punkt über deinem Kopf, in deine Seelenhöhle, hineinführen kannst, bist du bereit für die Türkisgar-

ten-Meditation am Ende des Buches. Du lernst jetzt, dein eigener Führer, Heiler und Guru zu sein.

Die Zukunft

Durchgabe der Plejader

So vieles hat sich verändert, seit du zum ersten Mal auf die Erde gekommen bist. Tausende und Abertausende von Jahren sind seitdem vergangen. Wie wird es sein, wenn du wieder zu den Plejaden oder zum Sternensystem Orion oder irgendwo anders hin zurückkehrst? Wirst du dann einfach dort weitermachen, wo du vorher aufgehört hattest?

Du erinnerst dich an die Vergangenheit. Aber genauso, wie sich das Leben auf der Erde weiterentwickelt hat, hat sich inzwischen auch das Leben auf den Sternen verändert.

Wo ist dein Zuhause?

Wir befinden uns alle in einem Prozess der Evolution. Alles entwickelt sich ständig weiter. Nichts steht still. Wenn du aufsteigst, kannst du nicht wieder in die Vergangenheit zurückkehren. Es ist jetzt an der Zeit, der Zukunft freudig entgegenzusehen und einen Glaubenssprung zu wagen.

Die Vergangenheit ist vergangen, sie ist nur eine Wolke aus Erinnerungen – guten und schlechten. Lerne daraus, damit du sie nicht wiederholen musst. Die Zukunft kann alles sein, was du willst, doch am wichtigsten ist die Gegenwart. Akzeptiere dich selbst. Akzeptiere dein Leben. Akzeptiere die Tatsache, dass du nicht in deine früheren Leben auf der Erde oder auf anderen Planeten zurückkehren kannst.

Trotzdem verhilft das Wissen um deine Vergangenheit dir dazu, dich vorwärts zu bewegen. Und genau das ist es, was du willst: vorwärtskommen. DU BIST KEIN gewöhnlicher Mensch, sondern ein außergewöhnlicher Außerirdischer, der in einem menschlichen Körper lebt. Du musst nur den Mut haben, in die Zukunft zu schauen, die Zukunft zu erschaffen, die Zukunft zu *sein*.

Dein Zuhause ist da, wo du es dir erschaffst.

13

Wo die Vergangenheit endet, beginnt die Zukunft

Leben in 3D mit 5D-Energie

Stillstand

Mikaels Leben

Mikael saß wieder in seinem Büro. Seine Arbeitstage waren lang, und er fühlte sich meistens müde und abgeschlagen, und zu allem Übel hatte er inzwischen auch noch die Motivation für seine Arbeit verloren. *Aber was soll ich denn sonst tun?*, dachte er verbittert. *Ich bin nun mal Finanzexperte.* Das letzte Jahr war das schwierigste seines Lebens gewesen, aber er hatte in diesem Jahr auch seine größte innere Wandlung durchgemacht. Trotzdem lebte er immer noch in New York und half Menschen bei der Planung ihrer Investitionen.

Er dachte oft an Mintaka und an die Wut, Frustration und Angst, die die Erinnerungen an sein Leben dort in ihm geweckt hatten. Immie besuchte ihn hin und wieder in seinen Träumen und stellte ihm Wesen von den Plejaden, Sirius und Orion vor, die ihm auf seltsame Weise halfen, sein Herz und seinen Verstand zu heilen. Er kannte sich inzwischen gut in der galaktischen Geschichte aus und hätte wahrscheinlich sogar Bücher darüber schreiben können. Doch dann würden die Leute ihn vielleicht für einen Spinner halten.

»Was kommt als Nächstes? Was hält die Zukunft für mich bereit?«, fragte er Immie immer wieder, und er erinnerte sich an ihre einfache Antwort: *»Hab keine Angst vor deiner Zukunft. Die Zukunft ist das, was du daraus machst. Denk nur daran, dass du mit dem, was du tust, auch der Menschheit dienen musst. Und, Mik'El, hab keine Angst davor, ein offenes Herz zu haben«*, setzte sie mit verschmitztem Lächeln hinzu.

Sie gab ihm nie eine Antwort auf seine Fragen nach dem Land, das sie ihm in dem Traum gezeigt hatte, als er ihr zum ersten Mal begegnet war. Damals hatte sie ihm prophezeit, dass dieses Stück Land eines Tages ihm gehören würde, aber nichts Näheres dazu verraten.

Das frustrierte ihn, aber er akzeptierte es.

Mikael fand sich mit dem Leben ab, das er führte. Er arbeitete fleißig an der Transformation seines Egos und verbrachte viel Zeit mit Katy, die sich sehr darüber freute, dass er sich jetzt endlich für Spiritualität interessierte.

Nur leider konnte er die Zeichen, von denen sie dauernd sprach, immer noch nicht sehen.

»Du bist ein bisschen zu ungeduldig, Mikael. Das Universum hat einen Plan für dich, aber erst hast du noch Arbeit für deine

Kunden zu erledigen«, hatte Katy ihm erst vor vor Kurzem in einem Gespräch erklärt.

»Die kommen auch ohne mich zurecht«, hatte er entgegnet, *»ich hasse diesen Job. Am besten wäre es, einfach zu kündigen.«*

»Um dann wieder bei einer ähnlichen Firma anzufangen und die gleichen Muster zu wiederholen?« Katy weigerte sich, ihm etwas vorzumachen.

»Was soll ich denn dann tun?«, hatte er gefragt.

»Lerne deine Arbeit lieben und schätzen – du wirst nicht ewig dort bleiben. Sie ist eine Regenbogenbrücke zu deiner Zukunft. Vielleicht macht dir diese Arbeit keinen Spaß, aber deine Kunden brauchen jemanden, der das Herz auf dem rechten Fleck und einen brillanten Verstand hat und ihnen hilft, die richtigen Pläne für ihre Zukunft zu machen. Hör auf, dich dagegen zu wehren! Mach deine Arbeit gut. Der Rest wird sich ganz von selbst ergeben. Du wirst es schon merken, wenn sich neue Chancen eröffnen. Du wirst wissen, wann es so weit ist, Mikael.«

Ein Klopfen an der Bürotür riss ihn aus seinen Grübeleien.

»Mr. Miller! Mit Ihnen hatte ich gar nicht gerechnet«, rief Mikael und war überrascht, einen seiner Lieblingskunden vor sich zu sehen. Mr. Miller war Ende Sechzig und Millionär. Aber man hätte ihm niemals angemerkt, wie wohlhabend er war. In den elf Jahren, die Mikael ihn kannte, hatte er alle Menschen immer liebevoll und freundlich behandelt.

Viele seiner anderen reichen Kunden taten so, als wären sie etwas Besonderes und besser als die anderen, weil sie Geld hatten. Sie gaben gerne mit ihrem Reichtum an – doch Mr. Miller tat das nie. Er war anders.

»Bitte setzen Sie sich, Mr. Miller. Wie geht es Ihnen?« Mikael wies auf einen leeren Stuhl.

»Schön, Sie zu sehen, Mikael. Ich hoffe, es geht Ihnen gut. Allerdings … Ihrer Miene nach zu urteilen, habe ich Sie wohl gerade aus ein paar sehr tiefsinnigen Gedanken gerissen.«

»Ich habe nur über die Vergangenheit nachgedacht. Im Augenblick gibt es nichts Wichtiges«, wehrte Mikael etwas überrumpelt ab.

Mr. Miller sah ihn prüfend an. Er merkte Mikael an, dass ihn etwas belastete. »Die Vergangenheit ist niemals unwichtig. Aber denken Sie nicht zu viel darüber nach. Lernen Sie daraus, lassen Sie alles los, was nicht gut gelaufen ist, behalten Sie das, was gut funktioniert, und gehen Sie weiter – der Zukunft entgegen. Es hat keinen Sinn, ewig über die Vergangenheit nachzugrübeln, denn sonst kommt die Zukunft nie.« Und nach kurzem Nachdenken setzte er hinzu: »Oder wie mein verstorbener Vater immer sagte: ›Wo die Vergangenheit endet, beginnt die Zukunft.‹«

»Danke. Das muss ein sehr kluger Mann gewesen sein, Ihr Herr Vater – genau wie Sie«, sagte Mikael und entspannte sich ein wenig. »Doch was ist, wenn man die Vergangenheit losgelassen hat, aber keine Zukunft sieht?«

»Dann befindet man sich in einer Phase des Stillstands. In solchen Fällen ist Geduld die beste Tugend. Wenn Sie Geduld haben und warten, aber gleichzeitig die Augen offenhalten, zeigt sich der nächste Schritt von ganz allein.«

»Stimmt«, murmelte Mikael. »Tut mir leid, ich bin heute ein bisschen zerstreut und verhalte mich nicht sehr professionell. Kann ich vielleicht etwas für Sie tun, Mr. Miller?«, fragte er höflich.

»Eigentlich nicht. Ich wollte einfach nur hallo sagen, das hat eine innere Stimme mir eingegeben. Kennen Sie dieses Bauchgefühl?«

»Ja, das kenne ich«, lächelte Mikeal.

»Mir geht es übrigens gerade genauso wie Ihnen«, seufzte Mr. Miller. »Erinnern Sie sich noch an letztes Jahr, als mein Vater gestorben ist?« Mikael nickte, doch bevor er etwas sagen konnte, fuhr Mr. Miller fort: »Er hat mir ein Stück Land in

Wyoming hinterlassen. Klingt eigentlich gar nicht so schlecht, oder?« Er stieß einen tiefen Seufzer aus.

»Mein Vater hat dort nach der Scheidung meiner Eltern eine Ranch gebaut und ihr einen Namen gegeben.« Er hielt kurz inne. »Er nannte sie ›Intergalaktische Ranch‹. Mein Vater hat eigentlich nie dort gelebt. Er fuhr nur ab und zu hin. Irgendwie ist das ein komisches Fleckchen Erde, aber wunderschön. Ihm haftet etwas Magisches an, obwohl ich nicht die geringste Ahnung habe, was es damit auf sich hat.« Er schien die Ranch vor seinem inneren Auge zu sehen, während er sprach.

Mikael saß schweigend da und hörte ihm zu. Katy hatte ihm beigebracht, dass man manchmal, wenn man nichts anderes tun kann, einfach nur zuhören sollte.

»Nach seinem Tod fand mein Anwalt in seinem Testament einen Brief, in dem stand, dass der Name – ›Intergalaktische Ranch‹ – nicht verändert werden darf, wenn ich dieses Anwesen eines Tages verkaufe, und dass ich es zu einem guten Preis an einen Mann aus Mintaka verkaufen werde.«

Mikael starrte ihn fassungslos an, während Mr. Miller fortfuhr: »Ich weiß, das klingt jetzt etwas komisch, aber als ich noch klein war, schaute er oft zu den Sternen hinauf, als sehne er sich nach irgendetwas. Er zeigte auf den Gürtel des Orion und sagte: ›Der Stern auf der linken Seite ist Alnitak. Wenn du Probleme mit deiner Vergangenheit hast, sprich mit Alnitak darüber. Der Stern in der Mitte ist Alnilam. Der hilft dir, dich auf den jetzigen Augenblick und auf das zu konzentrieren, was wirklich wichtig ist. Und der Stern ganz rechts, das ist Mintaka – unsere Zukunft.‹«

Mr. Miller machte eine Handbewegung, als wolle er auf den Nachthimmel über sich deuten, und erzählte die Geschichte seines Vaters weiter.

»Links vom Gürtel liegt Sirius. Dort gibt es die größte Bibliothek, die man sich vorstellen kann. Früher habe ich immer darüber gelacht, wenn mein Vater das sagte. ›Wie soll es denn dort eine Bibliothek geben?‹, habe ich ihn gefragt. Aber mein Vater meinte, die Sterne des Orion sähen aus wie ein Jäger, der mit seinem Pfeil auf die sieben Schwestern der Plejaden zielt. ›Liegt das daran, dass er sie nicht mag?‹, fragte ich ihn. ›Ganz und gar nicht‹, antwortete mein Vater, ›er mag sie sogar sehr. Seine Pfeile sind wie Amors Pfeile – Pfeile der Liebe –, doch man muss sich genau überlegen, welchen Pfeil man abschießt. Pfeile der Vergangenheit verletzen das Herz, Pfeile der Gegenwart sind stumm, aber die Pfeile der Zukunft sind ein wahrer Schatz, den die plejadischen Schwestern von einem gutaussehenden Jäger gerne als Geschenk erhalten möchten.‹

Dann schaute er mir immer in die Augen und sagte: ›Hab niemals Angst vor deiner Zukunft, lass dich einfach von deinem Herzen leiten. Das soll dein Kompass sein.‹

Ich habe seine leidenschaftliche Begeisterung für die Sterne oder für solche Geschichten nie geteilt. Aber ich habe ihn geliebt und hatte genügend Respekt vor ihm, um ihm seinen letzten Wunsch zu erfüllen. *Er war bestimmt schon senil, als er den Brief schrieb*, dachte ich zuerst, doch dann fiel mir auf, dass er ihn bereits vor ungefähr dreißig Jahren geschrieben hatte, als er im gleichen Alter war wie ich heute. Zufall? Nein. Aber wie soll ich einen Mann aus Mintaka finden? Soll ich einfach auf diesem Grundstück kampieren und darauf warten, dass Außerirdische auftauchen?«, lachte er leise vor sich hin.

Er war so tief in Erinnerungen an seinen Vater versunken, dass ihm Mikaels erschrockener Gesichtsausdruck erst auffiel, als sein Blick sich wieder auf ihn richtete. »Oh je, habe ich Ihnen jetzt etwa einen Schrecken eingejagt? Keine Angst, ich bin nicht verrückt«, setzte er in beruhigendem Ton hinzu.

Mikael schluckte. »Ist Ihr Grundstück zufällig achtzehn Hektar groß?«, fragte er mit halb erstickter Stimme.

»Ja.«

»Und gibt es dort auch heiße Quellen?« Für den Bruchteil einer Sekunde sah Mikael Immies Gestalt hinter Mr. Miller hervorlugen.

»Das klingt ja fast so, als hätten Sie meinen Vater gekannt, Mikael«, sagte Mr. Miller ein bisschen irritiert.

Mikael räusperte sich. »Was ich Ihnen zu erzählen habe, hört sich noch seltsamer an als die Geschichte von Ihrem Vater, Mr. Miller. Ich glaube, ich bin Ihr Mann aus Mintaka. Ich glaube, die Phase unseres Stillstands ist vorbei.«

Jetzt war es an Mr. Miller, ihm einen erstaunten Blick zuzuwerfen.

»Hätten Sie Lust auf ein Glas Whisky – irgendwo anders als hier –, damit ich Ihnen meine Geschichte erzählen kann? Dann können Sie entscheiden, ob ich der Mann bin, von dem Ihr Vater gesprochen hat.«

Maria Magdalena

Maggies Traum

Maggie wanderte durch den Rosengarten, einem ihrer Lieblingsorte. Viel zu lange war sie hier schon nicht mehr gewesen. Da näherte sich ihr eine schöne Frau mit leuchtender Aura. »Willkommen in deiner alten Heimat, Maggie«, sagte sie und umarmte sie herzlich. »Wir haben uns ja ewig nicht mehr gesehen.«

»Mary!«, rief Maggie voller Freude. »Ich habe dich und die anderen so sehr vermisst.«

»Ich weiß, meine liebe Seelenschwester, aber versteh bitte: Wir sind noch nicht so weit. Du musst stark sein, Maggie – du bist nicht allein«, entgegnete Mary mit liebevoller Stimme. »Und du bewirkst tatsächlich etwas Gutes. Die Zukunft sieht genauso wundervoll aus, wie wir sie uns immer vorgestellt haben.«

Maggie sah ihr in die Augen. »Ich wünschte, ich könnte mich bewusst daran erinnern, aber ich weiß, dass ich noch warten muss.«

Dann erwachte Maggie in ihrem Bett, und Rosenduft stieg ihr in die Nase.

An den Anfang ihres Traums konnte sie sich nicht mehr erinnern, doch einige der Worte, die die schöne Frau zu ihr gesagt hatte, hallten noch in ihrem Kopf wider …

»Die uralte Seele inkarniert sich in einem irdischen Körper, obwohl das allein nicht den Erfolg ihrer Mission garantiert. Es ist ein hartes Stück Arbeit, wenn man in sein Ego hineinwächst und es in den höheren Verstand umwandeln muss.

Höre auf den Gesang der Erde, Maggie, sie wird dich führen. Du kommst aus dem Kosmos und bist eine Seelenheilerin, aber du musst lernen, deine kosmische Energie in deinen menschlichen Körper zu integrieren – du musst den Tempel deiner Seele und die Energie dieser Erde, deiner aktuellen Heimat, miteinander in Einklang bringen.

Die türkisfarbene Christus-Magdalena-Essenz ist im irdischen Kristallgitter gespeichert. Heiße sie mit bedingungsloser Liebe willkommen, dann wird sie die Codes von Christus und Magdalena in deinem Tempel aktivieren. Die Essenz der Essener liegt in der Erde begraben. Rufe sie an, um die fehlenden Puzzleteile deiner Seele zu sammeln.

Höre auf den Gesang der Erde und das Wispern der Luft, Maggie. Erfahre alles über deinen Regenbogen, damit deine Reise zur Erleuchtung gelingt. Akzeptiere deine Vergangenheit, denn die Zukunft wartet auf dich.

Wir lieben dich, Maggie. Das Leben ist etwas Vorübergehendes. Orientiere dich an den höchsten Maßstäben. Genieße das Leben mit deiner Familie und deinen Freunden, teile dein gesundes, nahrhaftes Essen mit ihnen, reise, finde Liebe und Glück.

Wenn du andere Menschen dazu inspirierst, ihre Lebensweise zu mehr Glück und Gesundheit zu ändern, weißt du, dass du deine Aufgabe erfüllst.«

Ein Geschenk an Maggie

Maggies Leben

»Vor drei Jahren war ich noch ein alter Mann mit gebrochenem Herzen«, sagte George. »Ich vermisse meine Frau immer noch jeden Tag, aber inzwischen habe ich ein neues Glück gefunden. Ich habe euch zwei Mädchen, ihr seid meine Familie.«

»Ach, George. Wir lieben dich auch«, stimmten Frankie und Maggie ein.

»Bei mir war doch vor drei Jahren auch noch alles anders«, sagte Maggie. »Da bin ich mit meinem Coffeeshop kaum über die Runden gekommen – und schau, wie viel sich seitdem verändert hat.« Sie blickte sich in ihrem Laden um, in dem es summte wie in einem Bienenstock. »Ich habe einige Mitarbeiter eingestellt, mehr Ideen und Ware umgesetzt, und es geht uns gut.« Sie kicherte wie ein Schulmädchen. »›Maggies magische Wesen‹. Erst haben wir unseren Kaffee auf Amazon und eBay verkauft, dann ist eine eigene Webseite entstanden, auf der wir Kaffee, Merchandising und Kunsthandwerk anbieten.« Sie legte die Hand aufs Herz und warf George einen liebevollen Blick zu. »Warum ich nicht selbst auf diese Idee gekommen war, ist mir ein Rätsel. Deine Cousine hat meine Webseite so wunderschön gestaltet, George. Wie kann ich ihr je dafür danken?«

»Du hast ihr schon genug gedankt«, wehrte George ab und ließ sie nicht weitersprechen. »Du bist eine kluge, erfolgreiche Geschäftsfrau, und es ist höchste Zeit, dass du das endlich einsiehst. Du bist ehrlich und integer und hast ein gutes Herz.

Das ist das Fundament deines Geschäfts, aber du musst aufhören, Angst vor deinem glänzenden Verstand zu haben.«

»Kein Problem. Ich habe ja einen guten Lehrer.« Liebevoll drückte Maggie ihm die Hand.

»Man kann einen guten Lehrer haben, aber wenn man das Herz nicht auf dem rechten Fleck hat, nützt das alles nichts. Du bist eine gütige, liebevolle, großzügige Frau, und du wirst bald noch mehr Erfolg haben«, prophezeite George.

»Und geschäftstüchtig ist sie auch«, setzte Frankie hinzu und rieb sich mit den Händen ihren Babybauch. »Ich kann kaum glauben, wie sich das alles entwickelt hat. Vor drei Jahren habe ich noch als Teilzeitkraft im Coffeeshop meiner Freundin ausgeholfen. Inzwischen bin ich Fulltime-Kunsthandwerkerin und Geschäftsfrau. Meine Träume sind wahr geworden, und obendrein ist mir noch ein unerwarteter Segen zuteil geworden.« Liebevoll strich sie über ihren Bauch. »Jetzt können Mark und ich uns auf unseren neuen Familienzuwachs freuen und müssen uns nicht mehr so abrackern, um über die Runden zu kommen. Dafür bin ich euch beiden sehr dankbar«, lächelte sie. »Wenn es ein Mädchen wird, werde ich sie Maggie nennen. Und wenn es ein Junge ist, muss er natürlich George heißen.« Bei diesen Worten brachen sie alle in Gelächter aus.

»Es ist höchste Zeit, dass du darüber nachdenkst, dein nächstes Geschäft zu eröffnen, Maggie«, mahnte George dann.

»Ich weiß, ich weiß, du hast Recht. Eigentlich sollte ich keine Angst davor haben«, sagte Maggie, aber ihre Stimme klang doch etwas skeptisch.

»Ein liebevolles Herz und ein kluger Verstand – das ist genau die richtige Kombination, Maggie. Die Verbindung aus Herz und Verstand macht dich zu einer Superfrau.« Frankie zwinkerte George listig zu, dann überreichte sie Maggie einen Umschlag. »Hier – ein Geschenk von George und mir, ein vorgezogenes Weihnachtsgeschenk.«

Maggie wollte etwas einwenden, doch Frankie fiel ihr ins Wort: »Nein, nein, nein, ich bin noch nicht fertig«, sagte sie mit mütterlicher Autorität. »Es ist ein Wochenende in Wyoming, auf der abgelegenen« – sie machte eine dramatische Pause – »›Intergalaktischen Ranch‹. Scheint ein nettes, ruhiges Plätzchen zu sein, und man kann sich die Hütte, in der man wohnen möchte, auch noch selber aussuchen. Sie bieten sogar Rückführungen, Energiearbeit und Massagen an. Außerdem gibt es hausgemachtes Bio-Frühstück, Mittag- und Abendessen, so dass man nirgends hinfahren muss. Wir haben das ganze Paket für dich gebucht.

Als George und ich davon lasen, klang es genauso verrückt wie dein Coffeeshop hier, und wir fanden sofort, dass das genau der richtige Ort für dich sein könnte, um herauszufinden, wo die Reise für ›Maggies magische Wesen‹ und dein weiteres Leben eigentlich hingehen soll. Wir wissen doch alle, dass du dir kaum Zeit für dich selbst nimmst, Maggie. Und wenn du uns fragst, solltest du dein Geschäft als Franchise-Unternehmen aufziehen. Stell dir nur vor, das Leben wie vieler Menschen sich dadurch verbessern würde. Hör endlich auf, Angst vor deiner eigenen Courage zu haben.« Frankie sah, dass Maggie schon fast zu Tränen gerührt war, und so fügte sie scherzhaft hinzu: »Und ich freu mich auch schon darauf, wie viel mehr Merchandising und Kunstwerke ich verkaufen werde, wenn du das tust.«

»Ach, ich weiß gar nicht, was ich dazu sagen soll.« Maggie konnte die Freudentränen kaum zurückhalten. »Danke, vielen Dank … Ich bin euch beiden so dankbar. Das hat alles mit dir angefangen, George. Ich danke dir.«

»Nein, Maggie«, korrigierte George sie bescheiden. »Es hat alles mit *dir* angefangen, als du den Mut fandest, deinen Coffeeshop zu eröffnen. Trotz aller Widrigkeiten hast du es geschafft. Du hast unser Leben verändert, und wir sind froh, etwas für dich tun zu können.«

❧ Wyoming

Mikaels Leben

Am Flughafen nahm Maggie sich einen Mietwagen und fuhr zu ihrem Ziel. Die Landschaft war einfach paradiesisch. Sie musste lächeln, als sie schon nach wenigen Kilometern das Schild »Intergalaktische Ranch« mit dem Unendlichkeitszeichen darunter sah, auf dem stand: *Wo die Vergangenheit endet, beginnt die Zukunft.*

Langsam fuhr sie die Schotterstraße entlang auf das Haupthaus zu, dann parkte sie und stieg aus, noch immer ganz überwältigt von der Schönheit der Landschaft.

Eine hübsche Frau in Sportkleidung kam aus dem Haus. »Hi, ich bin Katy. Und Sie sind sicher Maggie. Unser neuer Gast.«

»Woher wissen Sie das?«, lachte Maggie. Sie fand Katy auf Anhieb sympathisch.

»Sechster Sinn«, sagte Katy scherzhaft und zeigte ihr den Speisesaal.

»Sie müssen unbedingt ein paar frischgebackene Krapfen essen, und ich mache Ihnen auch gleich eine Tasse Kaffee oder Tee. Und dann zeige ich Ihnen die Ranch, bevor ich Sie zu Ihrer Hütte bringe. Sie sollen sich hier tüchtig entspannen«, fügte Katy hinzu.

»Sie haben es aber schön. Wohnen Sie schon immer hier?«, fragte Maggie.

»Keineswegs«, antwortete Katy. »Mein Bruder und ich sind erst vor zwei Jahren aus New York hierhergezogen, als er dieses Grundstück kaufte. Das Hauptgebäude stand schon, wir haben es nur ein bisschen ausgebaut und verschönert, und da das Land bereits vermessen war und wir wussten, dass man drei Hütten darauf bauen darf, haben wir das getan und aus einem Traum ein Geschäft gemacht. Mikael nennt die drei Hütten ›Sirius‹, ›Orion‹ und ›Plejaden‹.«

Maggie lächelte. »Das sind ziemlich ungewöhnliche Namen für Hütten. Und eure Ranch hat auch einen recht merkwürdigen Namen.«

»Stimmt«, nickte Katy, »aber wir finden das alle sehr schön.«

»Finde ich auch«, stimmte Maggie zu.

»Warum er sie so benannt hat, ist eine lange Geschichte. Vielleicht erzählt Mikael sie Ihnen mal. Ich kann nur sagen, dass er vor drei Jahren geträumt hat, er würde zum Sternbild Orion fliegen – und jetzt sind wir hier.«

»Wie interessant. Mein Leben hat sich auch vor drei Jahren verändert.«

»Wenn man vom Teufel spricht …«, rief Katy fröhlich, denn in diesem Augenblick öffnete sich die Tür, und ein enorm gutaussehender Mann trat ein. »Warum hast du so lange gebraucht, Mikael? Du weißt doch, dass ich noch das Abendessen zubereiten muss, und ich weiß nicht, ob John alles eingekauft hat. Willst du einen Kaffee mit uns trinken?«

»Gerne, Katy, wie könnte ich so ein verlockendes Angebot ablehnen?«

Dann schaute er zu Maggie hinüber, und in seinen Augen flackerte es kurz auf, als er ihr die Hand reichte. »Ich bin Mikael. Willkommen auf der ›Intergalaktischen Ranch‹.«

»Maggie«, brachte sie erstaunt hervor und streckte ihm die Hand entgegen.

Als ihre Handflächen sich berührten, flogen Funken. *Diese grünen Augen kommen mir doch bekannt vor … Wie kann das sein?*, dachte sie. Sie starrten einander nur wortlos an, während ihre Hände immer noch ineinander lagen.

Katy brach das Schweigen. »Anscheinend begegnet ihr euch nicht zum ersten Mal«, stellte sie mit einem seltsamen Gesichtsausdruck fest.

»Doch! Also … jedenfalls im Wachzustand«, stotterte Mikael und schüttelte fassungslos den Kopf. »Ich habe von Ihnen geträumt. Sogar schon ein paar Mal. Und Ihrem erstaunten Blick nach zu urteilen, erinnern Sie sich auch an unsere Begegnungen.«

Errötend zog Maggie ihre Hand zurück. »Was für eine unwirkliche Situation!«

»Menschen treffen sich niemals ohne Grund, finden Sie nicht auch? Es muss einen Grund dafür geben, dass Sie hier sind. Darf ich Ihnen das Du anbieten? Ich weiß, das klingt ein bisschen komisch und kommt vielleicht auch etwas schnell, weil wir uns ja gerade erst begegnet sind – aber ich habe das Gefühl, wir kennen uns schon seit einer Ewigkeit.«

Maggi starrte ihn verdutzt an und lächelte dezent.

»Der Kaffee ist fertig, und dazu gibt es Blaubeer-Krapfen«, sagte Katy und brachte ihnen beides, nahm fröhlich einen Schluck vom Kaffee und gab ein genussvolles Geräusch von sich. »Meine Lieblingssorte«, meinte sie.

Maggie nippte an ihrer Tasse und stutzte. »Heißt die Sorte ›Maggies magische Wesen‹?«

»Ja, Mikael hat mich ganz süchtig danach gemacht. Jetzt servieren wir unseren Gästen nur noch diesen wundervollen Kaffee. Es passt ja auch hervorragend, auf einer ›Intergalaktischen Ranch‹ einen Kaffee namens ›Maggies magische Wesen‹ zu trinken, finden Sie nicht?«

Da fing Maggie schallend an zu lachen. Sie konnte gar nicht mehr aufhören. Stress, Schock, Müdigkeit, Freude – all diese Gefühle explodierten förmlich in ihrem Inneren und machten sich in einem herzhaften Lachen Luft.

Katy und Mikael schauten etwas verwirrt drein. »Entschuldigung … Ich meine … Tut mir leid, wenn wir einen komischen Eindruck auf Sie machen. Es fühlt sich einfach so an, als würden wir Sie schon ewig kennen«, sagte Mikael unsicher.

»Ich schwöre, dass wir uns auch ganz professionell verhalten können«, fügte Kary hinzu.

»Oh nein, das geht schon in Ordnung«, wehrte sie immer noch lachend ab. »Ich bin Maggie.«

»Ja, das erwähntest du bereits…«, lächelte Mikael.

»Nein, ich meine, ich bin die Gründerin von ›Maggies magische Wesen‹. Bisher dachte ich immer, ich wäre die einzige Verrückte, und machte mir anfangs große Sorgen darüber, was die Leute wohl von diesem Namen halten würden. Aber dass meine ›Wesen‹ es sogar bis zu dieser Ranch geschafft haben, ist ein gutes Zeichen für meine Entscheidung.«

»Unglaublich«, flüsterte Mikael.

»Wow, mir fehlen echt die Worte!« Katy staunte nicht schlecht. Das war wirklich unglaublich.

»Und was hat dich hierhergeführt, Maggie?«, fragte Mikael.

Bevor Maggie antworten konnte, platzte es aus Katy heraus: »Sie wohnt in der Hütte Orion. Sie hat immer noch mit einer gewissen Finsternis zu kämpfen, muss die Vergangenheit hinter sich lassen und Entscheidungen für die Zukunft treffen.«

»Kannst du etwa Gedanken lesen?«, fragte Maggie.

»Nein, das ist Mikaels Talent. Ich lese nur Energie«, antwortete Katy ernst.

In die kurze Stille hinein erklang eine raue Männerstimme. »Die Einkäufe sind weggeräumt. Wir können uns jetzt um das Essen für heute Abend kümmern, wenn du willst!«

»Danke, John«, rief Katy zurück. »Mein Mann.« Sie zwinkerte Maggie zu. »Ich gehe ihm jetzt lieber in der Küche helfen. Wir sehen uns dann später. Kannst du Maggie bitte ihre Hütte zeigen, wenn sie zum Einziehen bereit ist, Mikael?«

»Natürlich.«

Während er Maggie mit einer Geste einlud, mit nach draußen zu kommen, fragte er sie: »Was für eine Entscheidung musst du denn treffen?«

Mit dieser unverblümten Frage hatte Maggie nicht gerechnet. »Kannst du nicht einfach meine Gedanken lesen?«

»Ich frage lieber nach, statt in deinem Kopf herumzuspionieren. Ich darf nämlich nicht alles tun, was ich kann. Es gibt da einen Verhaltenskodex, weißt du?«

Es war so einfach, mit ihm zu reden – es fühlte sich an, als hätten sie sich nur kurze Zeit nicht gesehen und würden den Faden jetzt einfach da wiederaufnehmen, wo sie ihr Gespräch unterbrochen hatten. Dieses Gefühl hatte sie bisher noch bei keinem Mann gehabt.

»Ich hatte gehofft, dir eines Tages zu begegnen, Maggie.«

Sicher ist er verheiratet, genau wie seine Schwester, dachte sie und kämpfte gegen ihre Gefühle an. *Ich sollte ein bisschen vorsichtig sein.*

Als sie nicht antwortete, ging er über seine letzte Bemerkung bewusst hinweg.

»Also, was ist das für eine Entscheidung, die du treffen musst?« Insgeheim wusste er, dass er sie umwerben würde – und wenn es ein ganzes Leben dauern sollte.

»Ich … Ich würde gerne ein Franchise-Unternehmen aus ›Maggies magische Wesen‹ machen. Aber ich bin mir nicht sicher, ob das der richtige Weg für meine Mitarbeiter und mich ist. Es braucht kein riesiges Unternehmen zu sein, aber erfolgreich sollte es schon werden. Die Arbeitsplätze und die Zukunft meiner Mitarbeiter hängen schließlich davon ab, dass ich die richtige Entscheidung treffe.«

Mikael lachte. »Hat Katy dir schon erzählt, welchen Job ich hatte, bevor ich diese Ranch gekauft habe, Maggie?«

Als sie den Kopf schüttelte, fuhr er fort: »Ich war Finanzexperte. Jahrelang war es meine Aufgabe, meinen Kunden zu helfen, die besten Investitionsmöglichkeiten zu finden und Pläne für ihren finanziellen Erfolg und ihren Ruhestand zu machen. Ich fragte mich immer, warum ich eigentlich gerade diesen Beruf ergriffen habe. Jetzt weiß ich es. Das Leben ist schon seltsam. Ich denke, ich kann dir bei deiner Entscheidung helfen, wenn du willst. Du bleibst doch übers Wochenende, oder nicht?«

Sie nickte. »Das ist hier wie ein richtiges Familientreffen, stimmt's?«

»Nur dass wir beide nicht Bruder und Schwester sind.« Er erschrak über seine eigene Kühnheit, und Maggie sah entzückt, dass er rot wurde. »Ich hoffe doch, dass du Single bist, genau wie ich.«

Wieder nickte sie, und er grinste erleichtert. »Wenn du möchtest, führe ich dich ein bisschen auf der Ranch herum. Dabei können wir auch gleich das Für und Wider deines Franchise-Unternehmens besprechen, damit du eine fundierte Entscheidung treffen kannst.«

Er räusperte sich. »Ich will mich nicht aufdrängen, aber wenn du möchtest, habe ich das ganze Wochenende Zeit für dich. Und du musst unbedingt auch ein Bad in unseren heißen Quellen nehmen. Die hauen dich garantiert um.«

Dann setzte er in ernsterem Ton hinzu: »Ich möchte dir bei der Planung deines Franchise-Unternehmens helfen, Maggie. Früher konnte ich so etwas sehr gut. Und ich will auch kein Geld dafür haben. Ich möchte das einfach nur tun, weil ich das Gefühl habe, dass es das Richtige ist. Was hältst du davon?« Er streckte ihr seine Hand hin.

Statt die Hand zu ergreifen, fiel Maggie ihm um den Hals. »Danke«, flüsterte sie.

»Wir bekommen noch mehr Gäste!«, rief Katy ihnen vom Eingang des Hauptgebäudes zu. »Sie müssen gleich hier sein. Bitte wirf mir mal die Schlüssel für ›Sirius‹ rüber, Mikael.«

»Was sind denn das für Leute, die in diese Hütte einziehen?«, fragte Maggie.

Mikael zuckte mit den Schultern. »Eine Familie mit einem kleinen Kind. Die Eltern scheinen unter großem Stress zu stehen. Keine Ahnung, was da los ist. Vielleicht Beziehungsprobleme. Auf dem Planeten Sirius muss man zu einer Einheit zwischen weiblicher und männlicher Energie finden. Wenn die beiden ihren Gefühlen füreinander nicht treu sind oder wenn sie ein Machtspiel spielen, bei dem es darum geht, wer die Kontrolle über den anderen gewinnt, werden sie nur eine Nacht lang durchhalten. Wahrscheinlich werden sie sich streiten, vielleicht sogar auseinandergehen.«

Maggie lächelte unwillkürlich. »Das wäre aber nicht gut für euer Geschäft.«

»Wenn sie auf ihre innere Stimme hören, erspart ihnen das eine jahrelange unglückliche Beziehung. Es ist vielleicht nicht sonderlich gut für unser Geschäft, aber ihnen wird es wahrscheinlich helfen. Und dem Kind auch. Wenn sie das ganze Wochenende durchhalten, dürfte ihre Beziehung auf einem felsenfesten Fundament stehen.«

Maggie zog die Augenbrauen hoch.

»Beziehungen bedeuten Arbeit. Ehrlichkeit, Akzeptanz und Kommunikation spielen dabei eine wichtige Rolle. Man muss lernen, man selbst zu sein, statt der Mensch, den dein Freund, deine Freundin oder sonst irgendjemand gerne hätte.«

»Weisheit und Wahrheit«, setzte sie hinzu.

»Du hast es erfasst.«

In diesem Augenblick fuhr ein weiteres Auto durch die Einfahrt herein, und ein Pärchen Ende Dreißig mit einem sehr kleinen, schmächtigen Mädchen stieg aus. Maggie schätzte das Kind auf ungefähr vier oder fünf Jahre.

Sie warf Mikael einen Blick zu und stellte fest, dass er ganz blass geworden war.

»Geht es dir gut?«, fragte sie und berührte ihn sanft am Arm.

Mikael sah aus, als hätte er gerade einen Geist gesehen. Katy war wieder im Hauptgebäude verschwunden, oder vielleicht richtete sie auch schon die Hütte her, also übernahm Maggie die Aufgabe, die drei zu begrüßen.

»Willkommen auf der ›Intergalaktischen Ranch‹. Hatten Sie eine angenehme Reise?«

»Ja, danke, es ist alles prima gelaufen«, lächelte die Frau.

Mikael starrte die Kleine einfach nur an, und sie schien ihn ebenso unverwandt zu mustern.

Maggie wusste nicht, was sie tun sollte. »Möchten Sie eine Tasse Tee oder Kaffee … oder vielleicht auch einen Krapfen, bevor Sie in Ihre Hütte gehen?«, fragte sie.

»Tee wäre schön, danke«, sagte die Frau.

»Das ist Mikael, der Besitzer der Ranch – ein netter Kerl«, fügte sie hinzu, denn sie hatte das Gefühl, dass Mikael im Augenblick eher etwas entgeistert dreinschaute.

»Immie?«, stieß er endlich hervor. Die Kleine war das Ebenbild seiner außerirdischen Freundin Immie. Er hatte sie schon eine ganze Weile nicht mehr gesehen.

»Sie heißt Ema«, antwortete die Frau und deutete auf die Fünfjährige, die Mikael offen anblickte. »Normalerweise ist sie Fremden gegenüber sehr schüchtern, aber an Ihnen scheint sie aus irgendeinem Grund einen Narren gefressen zu haben. Erinnert sie Sie an jemanden?«, fragte Emas Mutter Mikael.

Im gleichen Moment huschte eine schwarze Katze über den Platz, und Emas Aufmerksamkeit wandte sich dem Stubentiger zu.

Mikael schien wieder zu sich zu kommen. »Verzeihung, mein Name ist Mikael … Willkommen auf der ›Intergalaktischen Ranch‹. Ja, sie erinnert mich an jemanden, dem ich schon einmal begegnet bin.«

»Mein Name ist Mason, und das ist meine Frau Kelly. Freut mich, Sie kennenzulernen«, sagte Mason.

»Wie sind Sie denn auf uns gestoßen, wenn ich fragen darf?«, erkundigte sich Mikael.

Sie betraten das Hauptgebäude, und während die Familie sich auf dem Sofa niederließ, holte Maggie die Krapfen und eine Kanne mit Tee von der Anrichte hinter dem Empfangstisch. »Sie werden mich für verrückt halten«, sagte Kelly und warf ihrem Mann einen Blick zu. Doch der lächelte nur. »Erzähl es ihnen doch einfach.«

»Ich wollte für ein paar Tage verreisen und träumte, wir seien auf die ›Intergalaktische Ranch‹ gefahren. Zuerst hielt ich das einfach nur für einen Traum, aber dann habe ich den Namen gegoogelt und Sie gefunden.«

»Ich bin froh, dass Sie hier sind«, lächelte Mikael.

In dem Moment bekam Ema einen kleinen Anfall, zuckte plötzlich und starrte wie wild um sich.

Kelly nahm sie auf den Schoß.

»Geht es ihr gut?«, fragte Maggie besorgt. »Können wir irgendetwas tun?«

»Danke. Es wird ihr gleich wieder besser gehen.« Kelly atmete tief durch. Eine innere Stimme riet ihr, weiterzuerzählen. »Ema leidet am Dravet-Syndrom.«

An ihrem verständnislosen Gesichtsausdruck sah Kelly, dass die beiden keine Ahnung hatten, was das ist. »Sie hat eine seltene Form von Epilepsie, die Anfälle verursacht. Bei vielen Kindern, die an dieser Krankheit leiden, wirft jeder Anfall sie in ihrer Entwicklung zurück. Doch zu unserem großen Glück hat Ema nicht die gleichen Symptome. Wir haben unser Bestes für sie getan. Sie hat nur alle paar Tage einen kurzen Anfall, was zwar auch stressig für uns ist, aber wir sind sehr dankbar dafür, eine so wundervolle Tochter zu haben. Es ist ein großes Glück für uns, sie in unserem Leben zu haben.«

»Gibt es Aussicht auf Heilung?«, fragte Mikael.

»Nein. Aber es gibt Medikamente, mit denen man die Anfälle unter Kontrolle halten kann«, erklärte Kelly, während sie ihrem Mann die Hand hielt. Sie fühlte sich hier so wohl, dass es ihr gar nichts ausmachte, völlig fremden Menschen von der Krankheit ihrer Tochter zu erzählen.

»Wie alt ist sie denn?« fragte Mikael.

»Sie wird dieses Wochenende fünf Jahre alt«, sagte Mason, »und aus irgendeinem Grund wollten wir ihren Geburtstag hier feiern. In aller Abgeschiedenheit, nur zu dritt. Sie ist so wichtig für uns, und ich bin so verzweifelt darüber, dass ich meiner kleinen Prinzessin dieses Leid nicht ersparen kann.«

Und genau in diesem Augenblick sah Mikael, was er sehen musste. Es war so offensichtlich. Während Emas Anfall hatte Immie wie ein aurischer Zwilling neben ihrem Körper gestanden, ihn angesehen und ihm telepathisch die Botschaft übermittelt: »Bitte hilf mir.«

Jetzt lief Immies ganze Geschichte vor Mikaels innerem Auge ab …

Immie hatte sich als Ema auf der Erde inkarniert, aber es war ihr bisher nicht gelungen, ihre höhere außerirdische Energie vollständig in dem kleinen Körper zu integrieren. Immer wenn sie es allein zu schaffen versuchte, traten in Emas elektrischem System, ihrem Nervensystem, Funktionsstörungen auf. Doch dieses Wochenende wird Ema fünf Jahre alt – die Zahl der Transformation, der endgültigen Umformung. Ema ist Immie. Vielleicht erinnert Ema sich nicht an Immie, aber sie wird geheilt werden und auch anderen Sternenkindern helfen, gesund zu werden und sich an das Leben auf der Erde anzupassen.

Dieses Land, dieses intergalaktische Stück Land, war für die Heilung von Sternensaaten wie Immie vorgesehen. Immies Seele hatte Mr. Millers Vater, einem Sternenkind mit gebrochenem Herzen, die Idee eingegeben, dieses Grundstück zu kaufen, damit er durch die heilende Energie dieses Landes wieder genesen und es für andere Sternensaaten bewahren konnte, die vielleicht ebenfalls der Heilkräfte dieses Landes bedurften. Sobald Mr. Millers Vater geheilt war und ein reines Herz und einen klaren Verstand hatte, wurde er ein erfolgreicher Geschäftsmann, der das Geschenk, das er erhalten hatte, nie vergaß und es immer weitergab. Vor drei Jahren war Immie Mikael dann im Traum erschienen und hatte begonnen, ihn darauf vorzubereiten, zum Hüter dieses Landes zu werden und es für den Dienst an anderen Menschen zu nutzen. Mikael begriff, dass für viele Menschen, die diese Ranch besuchen, hier die Vergangenheit endet und die Zukunft beginnt.

»Ich glaube, ich weiß, warum Sie hierhergeführt wurden«, wandte Mikael sich an das Ehepaar. »Jemand, den ich kenne, hat Sie in Ihren Träumen zu uns geleitet. Für alles gibt es einen Grund und eine Erklärung, glauben Sie nicht?«

»Doch, eigentlich schon. Nichts geschieht ohne Grund«, antwortete Kelly.

»Ich hoffe, dass Sie während Ihres Aufenthalts hier auch in unseren heißen Quellen baden möchten. Ihre Hütte – sie heißt übrigens ›Sirius‹ – liegt diesen Quellen sogar am nächsten.« Er griff in seine Tasche und holte den grünen Stein heraus, den Immie ihm vor drei Jahren gezeigt hatte. Den Stein, den Katy für ihn gekauft hatte.

»Wenn Sie für ein kleines magisches Experiment bereit sind, leihe ich Ihnen diesen Stein. Aber vergessen Sie bitte nicht: Es gibt keine Garantie dafür, dass es funktioniert.«

»Ist das ein Moldavit?«, fragte Mason.

»Ja. Ema soll ihn heute in der Hand halten und ein bisschen damit herumspielen – und danach sollten Sie beide den Stein ebenfalls in den Händen halten und seine Energie spüren.« Er sah Mason und Kelly an. »Halten Sie ihn in der Hand und sagen Sie ihm, an was für einer Krankheit Ema leidet und was für Hilfe sie braucht. Dann vergraben Sie ihn über Nacht an den Wurzeln des Baumes, der am nächsten bei Ihrer Hütte steht, damit die Erde ihn mit der Heilenergie programmieren kann, die Ema braucht. Wenn Sie morgen zu den heißen Quellen gehen, nehmen Sie den Stein mit und legen ihn mit ins Wasser. Dadurch wird das Wasser von seiner heilenden Energie durchtränkt. Nach dem Bad lassen Sie den Stein neben Ihrer Hütte oder auf der Fensterbank in der Sonne liegen. Am Samstagabend tun Sie wieder das Gleiche: Vergraben Sie den Stein in der Erde und genießen Sie am Sonntag seine Heilkraft. Und bevor Sie abreisen, bringen Sie ihn mir bitte zurück, denn er hat einen besonderen Erinnerungswert für mich.«

Mikael drückte Kelly den Stein in die Hand.

»Vielen Dank. Ich bin sprachlos«, entgegnete sie. »Wir sind Ihnen so dankbar. Ich weiß auch nicht, warum, aber irgendwie habe ich das Gefühl, dass wir Sie schon lange kennen – und dass mit Ema alles gut werden wird.«

»Und hier …« Mikael holte etwas vom Tresen. »Meine Schwester Katy sagt, das hilft, damit der Stein im Wasser nicht verlorengeht.«

Er reichte ihr eine Kette mit einem Netzbeutel, die sie zusammen mit Katys Kristallen auf der Ranch verkauften.

»Haben Sie vielen Dank.«

»Sie können sich an der Hütte bei Katy bedanken. Ich glaube, sie wartet dort auf Sie.«

Die kleine Familie erhob sich und ging nach draußen. Maggy blickte erst Mikael an, dann das Pärchen mit dem kranken Kind. Sie wusste, dass alles gut war, wie es war …

»Die Magie der Heilung kommt immer dann, wenn man am allerwenigsten damit rechnet«, nickte Mikael der kleinen Familie zu, als sie an ihm vorbeiging. »Lassen Sie Ihre Vergangenheit hier enden, und wenn Sie aus den heißen Quellen kommen, möge Ihre Zukunft beginnen. Genießen Sie Ihr Wochenende bei uns. Ich werde Katy bitten, einen Geburtstagskuchen für Ema zu backen. Das ist ein neuer Anfang für uns alle«, sagte Mikael mit einem freundlichen Blick auf das kleine Mädchen.

»Alles Gute zum Geburtstag, Ema!«

Der Türkisgarten

Im Türkisgarten ruht die Essenz eurer Seele. Die werdet ihr brauchen, um euren außerirdischen Verstand zu heilen, damit ihr die Menschheit ins fünfdimensionale Bewusstsein führen könnt. Schließt jetzt die Augen und öffnet das innere Auge eurer Seele. Begebt euch in Gedanken zu einem Rosengarten, der in voller Blüte steht. Atmet den süßen Duft der Rosen ein. Hört das leise Wispern in der Luft. Füllt euer ganzes Wesen mit der türkisfarbenen Essenz und hört ihren lieblichen Klang. Akzeptiert euer menschliches Ego und zeigt ihm die Treppe zu eurem brillanten Verstand. Der Türkisgarten ist euer sicherer Zufluchtsort, wo eure unsterbliche Seele und euer außerirdischer Verstand sich miteinander vereinen.

Die Farbe Türkis zeigt dir den Weg an, wie du auf die uralte Essenz deiner Seele zugreifen kannst. Dafür musst du lernen, dich für würdig zu halten und an dich selbst zu glauben. Dann wird nichts, was in deiner 3D-Welt geschieht, dich mehr aus dem Gleichgewicht bringen. Du lernst, dein eigener Führer, Heiler und Lehrer zu sein.

Diese Übung liegt auf CD vor, zum Streamen und als Download.

Türkisgarten-Meditation

Durchgabe der Lichter des Universums

1. Atme tief ein und lass beim Ausatmen die ganze Luft wieder aus deinen Lungen hinausströmen.
2. Nimm noch einen tiefen Atemzug und lass beim Ausatmen alle Sorgen und Erwartungen aus dir fließen.
3. Sprich laut: »Ich bitte darum, mit der höchstmöglichen göttlichen Energie, meinem höheren Selbst und der Frequenz bedingungsloser Liebe in Kontakt treten zu dürfen. Danke. Danke. Danke.«
4. Zentriere dich jetzt in deinem Herzen und atme langsam und tief durch.
5. Richte deine Aufmerksamkeit auf das Innere der Erde, atme noch einmal tief und sage: »Ich rufe die Essenz meiner Seele aus Atlantis an.«
6. Atme Energie aus der Erde ein und spüre, wie sie in deine Fußsohlen, Knöchel, Waden, Knie, Schenkel und in dein erstes Chakra eintritt.
   - Atme die Energie in dein erstes Chakra hinein. Während es sich weit öffnet, wird seine rote Farbe intensiver. Spüre, was Sicherheit und Geborgenheit in deinem irdischen Leben für dich bedeuten. Lass alles, was dir nicht mehr dient, mit positiven Absichten los und sprich dabei: »Ich lasse alles los, was mir keine positiven Dienste mehr leistet.« Atme es aus.
   - Atme die Energie in dein zweites Chakra hinein. Während es sich weit öffnet, wird seine orange Farbe intensiver. Spüre dein inneres Kind, dein kleines Kind, deine Unschuld, deine Kreativität. Lass alles, was dir nicht mehr dient, mit positiven Absichten los und sprich dabei: »Ich lasse alles los, was mir keine positiven Dienste mehr leistet.« Atme es aus.

- Atme die Energie in dein drittes Chakra hinein. Während es sich weit öffnet, wird seine gelbe Farbe intensiver. Spüre dein erwachsenes Ich und denke darüber nach, was ein Leben der Ehrlichkeit, Fairness und Integrität für dich bedeutet. Lass alles, was dir nicht mehr dient, mit positiven Absichten los und sprich dabei: »Ich lasse alles los, was mir keine positiven Dienste mehr leistet.« Atme es aus.
- Atme die Energie in dein viertes Chakra hinein. Während es sich weit öffnet, wird seine grüne Farbe intensiver. Spüre bedingungslose Liebe zu dir selbst, zu allen und allem. Lass alles, was dir nicht mehr dient, mit positiven Absichten los und sprich dabei: »Ich lasse alles los, was mir keine positiven Dienste mehr leistet.« Atme es aus.
- Atme die Energie in dein fünftes Chakra hinein. Während es sich weit öffnet, wird seine hellblaue Farbe intensiver. Spüre, was klare Kommunikation und Ausdruck für dich bedeuten. Lass alles, was dir nicht mehr dient, mit positiven Absichten los und sprich dabei: »Ich lasse alles los, was mir keine positiven Dienste mehr leistet.« Atme es aus.
- Atme die Energie in dein sechstes Chakra hinein. Während es sich weit öffnet, wird seine dunkelblaue Farbe intensiver. Spüre die Ausgewogenheit und Harmonie zwischen deinem Herzen und deinem Verstand. Lass alles, was dir nicht mehr dient, mit positiven Absichten los und sprich dabei: »Ich lasse alles los, was mir keine positiven Dienste mehr leistet.« Atme es aus.
- Atme die Energie in dein siebtes Chakra hinein. Während es sich weit öffnet, wird seine violette Farbe intensiver. Spüre, was es für dich bedeutet, an

dich selbst zu glauben und anderen Menschen zu vertrauen. Lass alles, was dir nicht mehr dient, mit positiven Absichten los und sprich dabei: »Ich lasse alles los, was mir keine positiven Dienste mehr leistet.« Atme es aus.

7. Atme tief ein und atme dein altes Ich aus.
8. Stell dir einen goldenen Fahrstuhl vor, der vor dir steht. Steig ein und drücke auf den Startknopf. Du bist jetzt auf dem Weg zu Sirius A.
9. Wenn der Fahrstuhl anhält, öffnet sich die Tür, und du steigst aus. Du befindest dich nun auf Sirius A. Folge dem Weg, der vor dir liegt, bis zum Eingangstor des Türkisgartens.
10. Am Eingang wartet ein Führer auf dich. Zeichne dein Seelensymbol vor dich in die Luft, damit er weiß, wer du bist. Dein Seelensymbol wird als ein mit goldenem Feuer geschriebenes Zeichen sichtbar.
11. Der Führer entscheidet nun darüber, ob er dir Zugang zum Garten gewähren soll oder nicht.
12. Während du den Garten betrittst, steigt dir Rosenduft in die Nase. Du wirst von Maria Magdalena und Jesus Christus, Mutter Anna und anderen weisen Lehrern begrüßt. Außerdem wirst du von vielen wohlwollenden außerirdischen Rassen willkommen geheißen, von denen einige ganz anders aussehen als die menschenähnlichen Wesen, die du normalerweise bei deinen Mediationen siehst.
13. Genieße diese Wiedervereinigung mit deinen Sternenschwestern und Sternenbrüdern.
14. Lass dich von ihnen durch den Rosengarten führen.
15. Während dieses Spaziergangs steigen immer mehr Erinnerungen in dir auf.
16. Und jetzt suchst und findest du die türkisfarbene Rose,

die du vor so langer Zeit hier ausgesät hast. Du wirst intuitiv wissen, wo sie ist.

17. Beuge dich vor oder knie dich zu deiner Rose hinunter. Heiße dich selbst bei dieser Rückkehr willkommen. Als du den Samen deiner Rose in die Erde gelegt hast, hofftest du, dass unser kollektiver Plan sich erfüllen würde und dass du den Weg hierher zurückfinden würdest. Das ist dir gelungen. Du warst mutig genug, dem Weg zu folgen, den du gemeinsam mit anderen geschaffen hast.
18. Sobald du bereit dafür bist, atme den Duft deiner türkisfarbenen Rose ein. Sie ist die Essenz deiner Seele.
    - Atme den Duft deiner türkisfarbenen Rose ein und erinnere dich an dein Leben als Essener oder daran, wer du während deiner Inkarnation zur Zeit Jesu Christi auf der Erde warst.
    - Atme den Duft deiner türkisfarbenen Rose ein und erinnere dich an dein Leben im alten Ägypten.
    - Atme den Duft deiner türkisfarbenen Rose ein und erinnere dich an dein Leben in Atlantis.
19. Spüre, wie sich die Essenz deiner Rose in deinem ganzen Körper ausbreitet.
20. Sobald du bereit dafür bist, sprich deiner Seelenfamilie, deinen Führern und Lehrern deinen Dank aus und kehre zu deinem goldenen Fahrstuhl zurück.
21. Der goldene Fahrstuhl bringt dich nun durch die goldene Säule, die axiatonale Linie deines physischen Seins, wieder nach unten in die wundervolle Kristallstadt im Inneren der Erde.
22. Wenn der Fahrstuhl anhält, öffnet sich die Tür, und du betrittst die Kristallstadt. Du erinnerst dich an diesen herrlichen Ort. Du warst schon oft hier.
23. Geh auf den Kristalltempel zu.

24. Betritt den Kristalltempel und geh zum Altar. Dort steht ein kleiner, mit einem Deckel verschlossener Kristallkrug. Daneben liegt dein Buch des Lebens.
25. Dieser Kristallkrug enthält einen weiteren Teil der türkisfarbenen Rosenessenz deiner Seele, den du hier sicher verwahrt hast.
26. Schreibe den Grund, warum du dir diese Essenz zurückholen solltest, in dein Buch des Lebens.
27. Je nachdem, wie deine Antwort ausgefallen ist, kannst du den Krug jetzt vielleicht öffnen. Wenn du ihn öffnest, atmest du den Duft deiner wundervollen türkisfarbenen Rosenessenz ein.
28. Sobald du bereit dafür bist, sprich allen deinen Dank aus und steige wieder in den goldenen Fahrstuhl.
29. Diesmal bringt der Fahrstuhl dich in deinen physischen Körper zurück. Du fährst hinauf, nimmst deinen Körper wieder ganz bewusst wahr und atmest die Essenz deiner Seele tief in deinen Körper ein, vor allem in deine physischen Knochen und deine Chakras – um die Transformation deines Kristallkörpers jetzt vollends in Gang zu setzen.
    - Atme die Energie der Erde in dein rotes Chakra ein und atme sie dann waagerecht durch dasselbe Chakra wieder aus.
    - Atme die Energie aus dem Kosmos in dein orangefarbenes Chakra ein und atme sie dann waagerecht durch dieses Chakra wieder aus. Ziehe dein Seelensymbol in deine Blase hinein.
    - Atme die Energie der Erde in dein gelbes Chakra ein und atme sie dann waagerecht durch dasselbe Chakra wieder aus.
    - Atme die Energie aus dem Kosmos in dein grünes Chakra ein und atme sie dann waagerecht durch

dasselbe Chakra wieder aus. Ziehe dein Seelensymbol in dein Herz hinein.

- Atme die Energie der Erde in dein hellblaues Chakra ein und atme sie dann waagerecht durch dasselbe Chakra wieder aus.
- Atme die Energie aus dem Kosmos in deine Zirbeldrüse ein, in Richtung deines Hinterkopfs, und atme sie dann waagerecht wieder aus. Ziehe dein Seelensymbol in deine Zirbeldrüse hinein.
- Atme die Energie der Erde jetzt in dein inneres Auge ein, in deine Stirn, und atme sie dann waagerecht wieder aus.
- Atme die Energie aus dem Kosmos in den Scheitelpunkt deines Kopfes ein und atme sie dann waagerecht durch dein violettes Chakra wieder aus.

30. Die violette Flamme umhüllt dein ganzes Wesen wie die Flügel eines Engels. Du bist sicher und geborgen. Du wirst geliebt und bist mit anderen Wesen verbunden, die genauso sind wie du.
31. Spüre deine Göttlichkeit und ziehe deinen Regenbogen in deinen Körper hinein.
32. Sprich allen, die dir geholfen haben, und auch dir selbst deinen Dank aus.
33. Danke. Danke. Danke.

Danksagung

Mit großer Liebe und Freude überreiche ich euch hiermit den dritten Band der Trilogie *Heilungscode der Plejader* mit dem Titel »Alien-Fragmente, Reise der Seele und multidimensionales Leben«. Ich kann gar nicht sagen, wie dankbar ich für diese Chance bin, die gechannelten Botschaften der Plejader und anderer wohlwollender Wesen dieses Universums an euch weitergeben zu dürfen.

Herzlichen Dank an all meine Freunde und Klienten, ob Mann oder Frau. Ihr seid die wichtigste Inspirationsquelle für meine Bücher. Ohne euch hätte ich sie niemals schreiben können. Mögt ihr mit Glück, guter Gesundheit und Reichtum gesegnet sein und stets bedingungslose Liebe erleben.

Ich danke auch meiner Familie dafür, dass sie mich immer unterstützt und mir auf dieser Reise beisteht. Ihr hört euch meine Geschichten Tag für Tag geduldig an, verurteilt mich nicht und akzeptiert mich so, wie ich bin, und das bedeutet mir mehr als alles andere auf der Welt.

Ein ganz herzliches Dankeschön an meinen Ehemann Tom Marquez, der die Schlussredaktion meiner Bücher übernimmt und dabei immer noch kleine Fehler zu finden scheint, die sonst niemand sieht.

Herzlichen Dank auch an meine Tochter Eva Marquez für das wunderschöne Bild des ägyptischen Skarabäus-Symbols und an meinen Sohn Ethan Marquez für das Unendlichkeitszeichen mit der Inschrift »Wo die Vergangenheit endet, beginnt die Zukunft«. Die Zukunft ist das, was ihr daraus macht. Ich glaube an euch.

Ein besonderes Dankeschön geht an meine Freundin und Chefredakteurin Katie Bowerbank.

Danke für die vielen langen Stunden, Zoom-Konferenzen, Brainstormings und dafür, dass du dir wirklich mit dem Herzen angehört hast, was ich zu sagen versuchte, wenn ich nicht die richtigen englischen Worte dafür fand, die diese Geschichte so authentisch machen würden, wie ich sie in meiner Seele empfand. Und möge dein eigenes Buch erfolgreicher werden, als du es dir vorstellen kannst.

Außerdem möchte ich mich ganz herzlich bei Rodrigo Pincheira für seine Bereitschaft bedanken, dieses Buch zu lektorieren. Das bedeutet mir sehr viel.

Es war ein hartes Jahr, und ich wünsche dir und deiner Familie die Zukunft, die ihr euch erträumt.

Mein tiefster Dank gebührt meiner Freundin und Wahren Lehrerin Ann. *Heilungscode der Plejader 1* kam als Download in deiner Küche zu uns. *Heilungscode der Plejader 3* zeigt, wo die Vergangenheit endet und die Zukunft beginnt.

Es liegt noch so vieles vor uns, und ich weiß, dass du schon wieder neue Lehren für mich bereithältst. Danke, dass du an mich geglaubt und mich so geduldig geführt und meinem Lebensweg eine neue Richtung gegeben hast. Ich wünsche dir und deiner Familie allen Segen dieser Welt.

Ein besonderes Dankeschön geht an Michael Nagula, den AMRA Verlag und alle Mitarbeiter eures wunderbaren Teams. Danke für all die Chancen, die ihr uns Schriftstellern bietet. Die Plejader und ich sind dankbar für alles, was ihr tut – nicht nur für uns, sondern für alle Menschen. Ihr macht diese Welt zu einem viel besseren Ort, und die Bücher und alles andere, was ihr veröffentlicht, sind in der Zukunft bereits mit Gold aufgewogen. Mögt ihr mit positivem Reichtum und bedingungsloser Liebe gesegnet sein. DANKE!

Verzeichnis der auf CD enthaltenen Übungen und Meditationen

Begleitend zu meinen Büchern sind bisher sieben CDs erschienen, die allerdings nur in deutscher Sprache bei AMRA vorliegen. Sie enthalten Anbindungen an unsere Sternenfamilie, Seelenheilungsreisen und zahlreiche Hilfsmittel für das Erwecken unserer verloren geglaubten Fähigkeiten. Die CDs können auch unabhängig von den Büchern verwendet werden. *DNA-Aktivierung* beruht auf zwei Meditationen, die ich in der Sprache des Lichts channelte. Dazu habe ich Einführungen und eine Anleitung geschrieben, die nur auf dieser CD zu finden sind. Die Übungen auf *Kontaktaufnahme* wurden von verschiedenen Völkern unserer Sternenfamilie übermittelt, damit wir unsere Seelenheimat finden können. *Seelenheilung* konzentriert sich auf atlantische Übungen und wird eingeleitet durch eine Plejaden-Botschaft meiner Freundin Pavlina Klemm. *Heilungscode* 1 bis 3 machen es stufenweise möglich, uns an unsere göttliche Schöpferkraft zu erinnern. Auch auf diesen drei CDs spricht Pavlina ihre Beiträge stets selbst. Die CD *Heilungscode Reiner Klang* komponierte Michael Reimann nach meiner ausführlichen Seelenhöhlen-Meditation, die nur dort im Booklet abgedruckt ist.

Heilungscode der Plejader (Reiner Klang)

Klangmeditation zur Erweckung deiner atlantischen Energien

72 Minuten, ISBN 978-3-95447-393-9
Musik von Michael Reimann

für Behandlungen und die Energiearbeit sowie zur Raumreinigung – mit exklusiv gechannelten Meditationsanleitungen von Eva im Zwölf-Seiten-Booklet.

Heilungscode der Plejader (CD 1)

Aktivierung atlantischer Schwingungen und des Seelensymbols

78 Minuten, ISBN 978-3-95447-384-7
Musik von Sayama

1. Aktiviere den Heiler oder die Heilerin in dir (19:11) – *Botschaft der Lichter des Universums*
2. Wie du den Schlüssel zu deiner Seele findest (11:57)
3. Öffne das Tor zu deiner Vergangenheit (16:58)
4. Neue Klangmeditation der Plejader (20:39) – *Reiner Klang, nur auf dieser CD*
5. Die Menschheit darf heilen! (9:16) – *geschrieben & gesprochen von Pavlina Klemm*

Heilungscode der Plejader (CD 2)

Meditationen zur kosmischen Liebe und Heilung der Zeitlinien

78 Minuten, ISBN 978-3-95447-388-5
Musik von Sayama

1. Die Liebe ist das Wichtigste, was es gibt! (7:53) – *geschrieben & gesprochen von Pavlina Klemm*
2. Einführung: Die Eröffnung des Siegels (3:11)
3. Meditation in dreizehn Schritten (41:40)
4. Heilung deiner Zeitlinien (11:44)

5. Schlusswort der Plejader (3:50)
6. Plejadische Heilmusik von Sayama (9:17) – *Reiner Klang, nur auf dieser CD*

DNA-Aktivierung durch die Sprache des Lichts

Seelenheilung und Wiederanbindung an unsere kosmische Familie

71 Minuten, ISBN 978-3-95447-348-9
Musik von Thaddeus

1. Die Erweckung deiner Sternenkind-DNA (7:45)
2. Worum es bei der ersten Seelenreise geht (1:36)
3. Worum es bei der zweiten Seelenreise geht (4:54)
4. Vorbereitende Übung für die Meditationen (6:03)
5. Erinnerung, Wiederanbindung, neues Erwachen (22:38) – *in Lichtsprache*
6. Plejadischer Heiltempel: Seelenheilung und Verjüngung (28:15) – *in Lichtsprache*

Kontaktaufnahme mit der kosmischen Familie

Energetische Übungen verschiedener Sternenvölker

78 Minuten, ISBN 978-3-95447-268-0
Musik von Sayama

1. Seelenruf der Sternenfamilie (5:17)
2. Heilende Lichtcodes der Plejader (4:38)
3. Werde zum Pendel (4:20) – *Andromeda*
4. Finde deinen Schutzbaum (7:20) – *Plejaden*
5. Lege deine Traurigkeit ab (6:22) – *Sirius*
6. Wähle deinen galaktischen Geistführer (13:03) – *Centaurus*
7. Reinige dein Energiefeld (7:35) – *Epsilon Eridani*
8. Vergib anderen und dir selbst (13:57) – *Lyra*
9. Aktiviere die Tiere in deinem Leben (4:39) – *Centaurus*
10. Wie arbeitet man bewusst mit seiner Energie? (5:10)
11. Deine Zusammenarbeit mit den Plejadern (4:42)

Seelenheilung und energetischer Schutz

Anleitungen der Plejader zur Durchlichtung mit kosmischer Liebe

78 Minuten, ISBN 978-3-95447-381-6
Musik von Sayama

1. Kosmische Liebe durchleuchtet jegliche Existenz auf der Erde (15:04) – *Botschaft der Plejader, empfangen & gesprochen von Pavlina Klemm, nur hier auf CD*
2. Aufladung mit bedingungsloser Liebe (7:37)
3. Öffnen und Schließen deines Energiefeldes (13:19)
4. Befreiung von Ängsten und unguten Gefühlen (6:43)
5. Selbstakzeptanz und ein glückliches Leben (11:16)
6. Aufhebung von Flüchen und Weg ins Licht (6:39)
7. So arbeitest du mit dem Lichtsymbol (8:37)
8. Plejadische Klangmeditation (8:47) – *Reiner Klang, nur auf dieser CD*

Alle sechs Übungs-CDs liegen auch als Audio Books für den Download vor.

Gleichzeitig mit dem vorliegenden Plejaden-Buch erscheint die neueste CD von Eva Marquez:

»Selbstheilung und Anbindung deiner außerirdischen Seelenanteile«

gechannelt von ihr selbst, eingesprochen von Kathrin Mayer, musikalisch begleitet von Sayama, mit einem exklusiven Vorwort von Pavlina Klemm.

78 Minuten, Jewelcase,
ISBN 978-3-95447-392-2

Überall im Handel erhältlich!

Eva Marquez ist als Lebensberaterin und Heilerin, spirituelle Lehrerin und Buchautorin tätig. Bei ihrer Arbeit greift sie auf ihre plejadische Sternenkind-Energie zurück. Sie erinnert sich an die Sprache des Lichts und verfügt noch über einen großen Schatz weiterer uralter Seelenerinnerungen. Bei ihrer Arbeit stehen ihr ihre Geistführer zur Seite, die *Lichter des Universums*, eine Gruppe von Lichtwesen aus verschiedenen Sternenvölkern, unter anderem von den Plejaden. Sie arbeitet aber auch mit ihrem Höheren Selbst, mit dem sie hin und wieder andere Menschen im Traum oder während der Meditation besucht, um ihnen beizustehen oder sie bei ihrem Heilungsprozess zu unterstützen.

Eva hat es sich zur Lebensaufgabe gemacht, die Menschen über ihre persönlichen Fähigkeiten aufzuklären, damit jeder sein eigener Guru werden kann. Sie bringt euch auch Erinnerungen an die unendliche Liebe Gottes. Liebe ist das wichtigste energetische Werkzeug, das wir besitzen. Eva versucht Menschen, die der Heilung bedürfen, auf allen Ebenen zu helfen. Zum Beispiel arbeitet sie mit Patienten, die an unheilbaren Krankheiten leiden, und mit schwangeren Frauen, die Kinder mit Geburtsfehlern erwarten. Sie hilft außerdem Menschen, die in einen Zustand tiefer Depression oder Verzweiflung verfallen sind, jegliche Hoffnung verloren haben, von Ängsten gequält werden, sich einsam fühlen oder körperlich und seelisch missbraucht wurden, und auch für alle anderen Menschen, die ihrer Hilfe oder Anleitung bedürfen, ist sie da. Mithilfe der besonderen Fähigkeiten, die sie ihrer uralten plejadischen DNA verdankt, unterstützt sie Sternenkinder dabei, ihre eigene DNA und ihre Erinnerungen zu aktivieren und mit ihren Seelenfamilien in Kontakt zu treten. Sie ist auf der Welt, um dir zu zeigen, dass es »LICHT am Ende des Tunnels« gibt und dass wir durch LIEBE zu diesem Licht gelangen können.

Eva möchte dir deine besonderen Fähigkeiten bewusst machen, damit du dein eigener Lehrer werden kannst. Außerdem bringt sie dir Erinnerungen an die unendliche Liebe Gottes und ruft das Wissen in dir wach: LIEBE ist das wichtigste energetische Werkzeug, das wir besitzen.

---

www.EvaMarquez.org

Pavlina Klemm

HEILSYMBOLE & ZAHLENREIHEN

Arbeitsbuch der Plejadenheilung

AMRA Verlag, ISBN 978-95447-448-6
Hardcover, Glanzeinband, Leseband, 192 Seiten
22 € [D] / 22,70 € [A]; auch als eBook erhältlich!

Immer wieder haben Teilnehmer aus den Workshops, aber auch Leserinnen und Leser der Plejadenbücher danach gefragt. Jetzt dür-
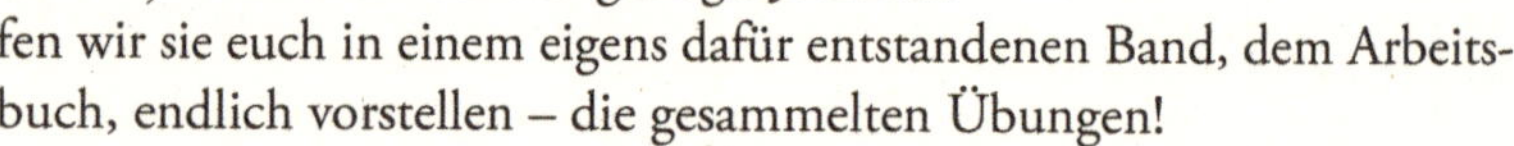
fen wir sie euch in einem eigens dafür entstandenen Band, dem Arbeitsbuch, endlich vorstellen – die gesammelten Übungen!

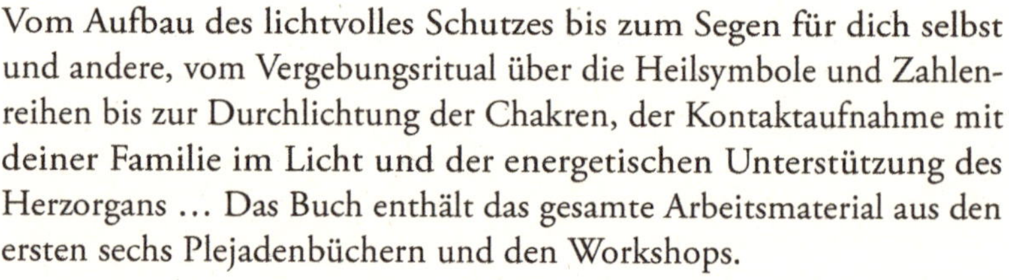
Vom Aufbau des lichtvolles Schutzes bis zum Segen für dich selbst und andere, vom Vergebungsritual über die Heilsymbole und Zahlenreihen bis zur Durchlichtung der Chakren, der Kontaktaufnahme mit deiner Familie im Licht und der energetischen Unterstützung des Herzorgans … Das Buch enthält das gesamte Arbeitsmaterial aus den ersten sechs Plejadenbüchern und den Workshops.

Aus dem Vorwort der Plejader …
»Der Geist des Menschen bindet sich an die Synapsen des kosmischen kollektiven Bewusstseins an und erhöht dadurch sein Bewusstsein und sein Wissen. Die kosmischen Lichtimpulse können den menschlichen Geist jetzt endlich heilen und regenerieren.«

Pavlina Klemm über dieses Buch …
»Es ist egal, in welchen Inkarnationen ihr euch früher befandet. Es ist egal, wie viele Gedanken euch in eure Vergangenheit zurückwerfen. Jeder hat die Möglichkeit, seine Realität zum Positiven zu verändern. Wie die Plejader uns mitteilen – Schritt für Schritt.«

Sofort erhältlich auf www.AmraVerlag.de.
Deutschland & Österreich ab 18 € versandkostenfrei!

Das Arbeitsbuch gibt es auch als Kartenset ...

Pavlina Klemm

Heilsymbole & Zahlenreihen

44 Karten mit 112-Seiten-Begleitbuch
24,99 € [D/A] • Klappschachtel
ISBN 978-3-95447-376-2

Wir, deine plejadischen Begleiter, sind dir sehr dankbar, dass du dich mithilfe dieses Kartensets selbst heilst. Du hältst gerade die materialisierte, manifestierte Energie von Symbolen, Zahlenreihen und Affirmationen in Händen. Durch dein Heilen hilfst du anderen Personen. Durch die Anbindung an die morphogenetischen Felder dank der Symbole auf diesen Karten erweiterst du deine Wahrnehmung, und es gelingt dir viel leichter und schneller, dich in der fünften Dimension des Bewusstseins zu verankern.

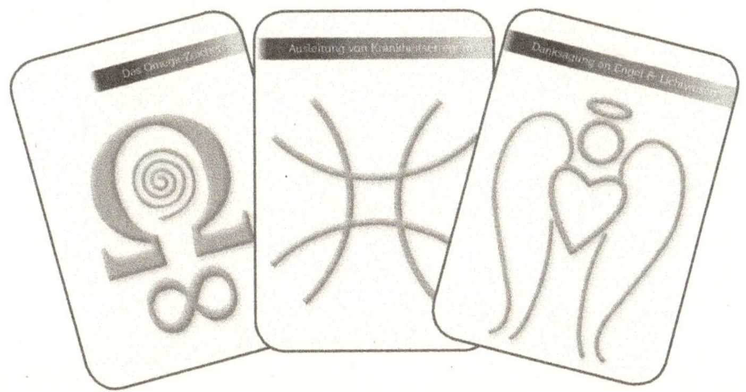

Das Kartenset enthält alle energetischen Hilfsmittel aus Pavlinas bisherigen Büchern, CDs und Veranstaltungen und ist in diesen herausfordernden Zeiten für den täglichen Gebrauch gedacht. Zur Aktivierung der Karten genügt die reine Absicht. Genaue Anleitungen und exklusive Texte der Plejader enthält das 112 Seiten umfassende Begleitbuch.

»Vertraue bei dieser energetischen Arbeit auf deine Intuition und lasse dich führen. Deine Realität kann schon sehr bald heilen.« – *Pavlina Klemm*

Workshop-CDs der Plejader exklusiv auf www.AmraVerlag.de